中职"三教"改革
理论研究

罗泽飞 著

北京工业大学出版社

图书在版编目（CIP）数据

中职"三教"改革理论研究 / 罗泽飞著 . — 北京 ：
北京工业大学出版社，2022.1

ISBN 978-7-5639-8264-6

Ⅰ．①中… Ⅱ．①罗… Ⅲ．①中等专业学校－教育改
革－研究－中国 Ⅳ．① G718.3

中国版本图书馆 CIP 数据核字（2022）第 027445 号

中职"三教"改革理论研究

ZHONGZHI SANJIAO GAIGE LILUN YANJIU

著　　者：	罗泽飞
责任编辑：	张　贤
封面设计：	知更壹点
出版发行：	北京工业大学出版社
	（北京市朝阳区平乐园 100 号　邮编：100124）
	010-67391722（传真）　bgdcbs@sina.com
经销单位：	全国各地新华书店
承印单位：	北京银宝丰印刷设计有限公司
开　　本：	710 毫米 ×1000 毫米　1/16
印　　张：	12
字　　数：	240 千字
版　　次：	2022 年 1 月第 1 版
印　　次：	2022 年 1 月第 1 次印刷
标准书号：	ISBN 978-7-5639-8264-6
定　　价：	60.00 元

作 者 简 介

罗泽飞，男，广西鹿寨人，2009年毕业于广西工学院交通运输专业，高级讲师，汽车维修工高级技师。广西职业教育交通运输大类教材建设专家库成员、广西交通运输职业教育教学指导委员会委员、河池市"十百千"人才、河池市优秀教师、河池市职业教育集团汽车专业教学指导委员会秘书长。

获国家专利局授权的发明专利1项、实用新型专利8项；主持或参与过省级以上教改科研课题10项；获广西壮族自治区教育教学成果奖2项、指导学生参加技能比赛获省级以上奖励7项、个人参加职业技能比赛获省级以上奖励3项；在省级以上期刊发表论文15篇、主编汽车专业类教材3部。

前　言

　　职业教育的教师、教材、教法的"三教"改革,不仅是推进职业教育高质量发展的重要内容,也是落实"职教 20 条"(即《国家职业教育改革实施方案》)的根本要求,更是职业教育"高质量发展"的重要支撑。"三教"改革贯穿于教育教学的全过程,与学校人才培养的各个环节息息相关,是教育质量的"生命线"。教师是"三教"改革的实施主体,也是推动"三教"改革向纵深发展的重要力量,解决中职学校专业教师面临的现实问题,探索中职学校专业教师培养的方法和路径,对进一步深化中职学校建设、提升人才培养质量具有重要意义。

　　鉴于此,笔者撰写了本书,在内容编排上共设置七章:第一章为绪论,内容包括中职学校办学与教学现状、中职学校"三教"改革内容与现状、智慧教育引领下的职业教育"三教"改革;第二章为中职学校"三教"改革的动力——产教融合,内容包括产教融合的概念由来及程序、影响产教融合的主要因素、产教融合背景下应用型课程体系建设、产教融合背景下"三教"改革的创新型路径;第三章为中职学校"双师型"教师专业发展与教研能力提升,内容包括中职学校"双师型"教师专业发展的理性诉求、中职学校"双师型"教师专业发展的现实审视、中职学校"双师型"教师专业发展的路径、"三教"改革背景下中职学校教师教研能力提升策略;第四章为中职学校教材改革及专业建设,内容包括我国中职教育教材反思及改革目标、"三教"改革背景下教材建设的实践探索、中职学校专业建设的问题与策略、中职学校特色专业建设的实施工作;第五章为中职学校教法的创新应用与质量监控体系,内容包括行动导向教学法的应用、模拟教学法在中职学校专业课中的应用、"以学生为中心"教学法的应用、中职学校内部教学质量监控体系;第六章为中职学校一体化教学模式优化与实践,内容包括中职学校一体化教学模式的构建依据、中职学校一体化教学模式优化的必要性、中职学校一体化教学模式优化的实践路径;第七章为中职学校"三教"改革的案例,内容包括中职学校汽修专业"三教"改革的典型案例、中职学校机电专业"三教"

改革的典型案例、中职学校"三教"改革提升教学质量的典型案例。

全书理论观点新颖、论述深刻，紧扣时代脉搏，注重理论联系实际，具有较强的理论性、实践性和指导性，可对推动中职学校"三教"改革起到重要作用。

笔者在撰写本书的过程中，得到了许多专家学者的帮助和指导，在此表示诚挚的谢意。但由于笔者水平有限，加之时间仓促，书中所涉及的内容难免有疏漏之处，希望各位读者多提宝贵意见，使之更加完善。

目　录

第一章 绪 论

第一节 中职学校办学与教学现状

一、中职学校办学现状

中职学校实习设备陈旧，现代化多媒体教学设施不足。面对科学技术的高速发展，从业者若仅仅依靠简单的专业技能则会被淘汰；只有具备创新能力和适应能力，拥有一定职业素养的从业者才会经受住市场的考验，在职业竞争中处于优势地位。

目前中职学校在办学目标上仅注重某一项专业技能的养成，混淆了综合职业能力与专业技能的关系，以某一单项技能的考核是否达标作为学生能否毕业的条件。这些做法导致学校办学水平较低、学生盲目追求单一技能的操作实训，偏离了职业教育的培养目的。中职学校长期沿用传统的以课堂为主的教学形式，即教师在讲台上讲，学生坐在下面认真听的"灌输式"教学方法。这要求学生有一定的逻辑分析能力，因为课堂上基本全靠"脑力劳动"。而从中职学校的学生学习习惯、学习能力方面分析，发现大部分学生都喜欢以形象思维为主的学习方式，要他们被动地做"脑力劳动"很难实现，因此教师要改变讲课的策略，改为展示、示范或把问题交给学生自己，让学生在课堂上掌握主动权，自己分析解决问题。一个企业急需能动手的技能型人才，并不关注人才的长期发展，但最稀缺的是有长远发展潜力的人才，而中职学校的毕业生普遍都作为"急需"的人才走上工作岗位。这些现状都亟待改变。因此，一体化教学改革要想顺利实施就必须有与之适应的办学理念、班级管理模式、教学评价模式等。

二、中职学校教学现状

（一）教学模式的现状

中职学校依然沿用学科体系教育，即以传统知识为中心，以理论教学为主、实践教学为辅，以教师为课堂教学的主体，学生被动接受。这种教育方式与变化的市场经济相背离，所培养的学生在适应岗位、适应社会方面存在很大问题。概括而言，"学科为中心"在教学目标、教学模式及课程体系等方面存在以下问题：

1. 理论与实践失衡

长期受"学科为中心"影响，只强调理论知识的重要性，却忽视了职业教育是为社会服务的本质，知识脱离了社会生活中的应用就毫无价值。目前中职学校教学计划分两部分：理论教学和实习教学，实习教学在时间上占教学课时的一半以上。但实习教学与理论教学脱节，理论教师与实习教师没有统一的培养目标，学生的拓展能力薄弱，很难做到把学过的理论知识亲自放在实习中去验证，或者先经过实习建立了实体概念，但在理论课堂上却无法将实体的原理分析厘清。

2. 各学科自成体系

各专业开设课程只考虑专业性和知识的系统性，不考虑实用性。职业教育基本的教学组织形式应该是"教学做"一体，强调"做中学、做中教"，目前，很多学校的课程设置、课程结构体系、教学组织形式和规定的教学内容普遍都没有体现"教学做"合一的原则，专业理论课和专业技能课独立设置，专业知识和专业技能没有有效融合，没有将职业能力岗位分析、课程分析和教学内容分析有机结合起来。这已经不能满足现在的中等职业教育发展的需要，构建基于企业岗位工作任务的课程体系势在必行。

3. 教学方法单一，不利于学生职业能力的形成

课堂教学是理论教学的主要形式。在课堂上，教师主动控制教学过程，学生处于被动地位，且自控能力差、理解能力弱。有些教师虽然能采取讲练结合、案例教学等教学方法，但缺乏机智的应变能力，没有将与企业工作过程相关的职业活动情境引入课堂教学，未能激发和维持学生的学习动机，因此教学效果并不理想。

（二）教学评价的现状

教学评价的目的是对教学质量和教学效果作出评估，然后根据评价结果调整

学校管理。学生评价是一种常用的评价方法，其评价结果可在一定程度上为评价教师质量和学校办学质量提供有价值的参考，但学生评价往往是学生单方面的行为，长期以期末考试成绩为主的理论课程评价，其结果难免失真。实践教学评价也仅仅以最末次实习成果作为考核内容，对实习操作过程表现出来的方法能力、社会能力都不涉及，因此评价结果带有片面性。对教师的评价也仅靠学生考核成绩的高低来反映，使得教师自身的很多优点如综合能力强、实践能力强、关注学生的综合发展等都没有在评价体系中反映出来。

第二节 中职学校"三教"改革内容与现状

一、中职学校"三教"改革的内容

教师、教材、教法（统称"三教"）是职业教育的三个重要因素，"三教"水平的高低直接关系职业教育的质量高低和人才培养目标的实现程度，"三教"改革已经成为未来教育改革的重点。

（一）中职学校的教师改革

中职学校的教师改革主要是针对目前我国中职学校中教师队伍结构和教师队伍建设所进行的制度改革。一方面，我国中职学校存在教师总量不足的现状，导致教师周课时严重超限，有的专业教师周课时达到了 30 节。长时间的超负荷教学致使中职教师根本无暇研究教材、教法；另一方面，我国中职学校中的"双师型"教师不足，部分中职学校中的专业教师匮乏。中职学校应该是以培育学生技能为主的学校，但是目前中职学校中既能教授理论又能教授实践的"双师型"教师十分短缺。对此，我国已加大中职学校专业教师的继续教育力度，在全国范围内建立了多个"双师型"教师培训基地，要求专业教师每年至少有一个月在企业或实训基地进行实训，同时建立健全职业学校自主招聘兼职教师的规定，以促进优质的企业工程技术人员、高技能人才到中职学校进行教学，尤其是建筑类专业，由于其自身的特殊性，需要更多的实践经验。如果只是依靠书本进行教学，则无法满足学生的需求，因此聘请具有丰富经验的企业优秀建筑师前来学校讲课，不仅可以促进学生对理论知识的理解与掌握，还可以更好地知晓当下建筑企业所需何种类型的建筑人才，使中职学校学生知晓自己专业的发展方向，从而提高其就业能力。

（二）中职学校的教材改革

中职学校主要培育具有专业技能的技术人员。随着我国社会经济的快速发展，现代科技日新月异，新职业、新岗位不断涌现，但是中职学校的教材却没有跟上时代的发展与变化。教学内容在很大程度上决定了教师的教和学生的学，因为教师往往按照教材内容进行教学。因此，我国《国家职业教育改革实施方案》（国发〔2019〕4号）针对教材改革提出了教学内容和教材形式改革的两大任务，即"每3年修订1次教材，其中专业教材随信息技术发展和产业升级情况及时动态更新，倡导使用新型活页式、工作手册式教材并配套开发信息化资源"。前者是教材内容的改革，后者是教材形式的改革。

（三）中职学校的教法改革

传统的教学方式主要采取"灌输式"的模式，教师不重视与学生的互动，这很不利于学生对知识技能的掌握。尤其是建筑专业的课程，其中大部分属于实践课程，教师采取传统的教学方式，虽然使学生掌握了理论知识，但是由于缺乏实践、缺乏互动，学生对各知识点的掌握终归有限，且根本无法激发学生的学习兴趣。因此，《国家职业教育改革实施方案》（国发〔2019〕4号）规定要加大引入典型生产案例，普及项目教学、案例教学、情境教学、模块化教学等教学方式，让学生在专业学习中有项目可以做、有案例可以参考、有时间可以练习。

二、中职学校"三教"改革的现状

（一）"三教"改革的任务

"三教"改革的主要任务是从教师、教材和教法三方面开展教育改革，重点解决"谁能教""教什么""如何教"的问题。"谁能教"即谁能做职业学校的教师。职业学校普遍缺乏高质量的"双师型"师资队伍，特别是新引进的教师以接受过高等教育的研究生为主，且缺乏行业、企业的工作经验。虽然可以通过企业顶岗实践来锻炼新教师的实践能力，但是他们仍然难以适应职业教育的要求。"教什么"即如何选择教学内容。在校学习、顶岗实习、正式工作或升学是中职学生通常会经历的三个阶段，哪些技能应该在校园中学习，哪些则适合在顶岗实习或正式工作中学习，这些问题需要进行教学改革的实施者和管理者认真思考。"如何教"即如何选择教学方法和手段。信息化环境下的线上、线下混合教学已成为未来教学趋势，互联网可以让学生更加便捷地获取他们感兴趣的学习资源。

（二）"三教"改革的前提

"三教"改革的主要思路是通过提供高质量的教学服务和教师的个人魅力来吸引学生，让学生体验学习的乐趣，激发学生的学习积极性。教学管理者普遍认为教师是影响教学改革及效果的主要因素，因为大部分学生是具备学习的主动性的，然而当他们对教师提出质疑时，通常会得到反驳或者批评。在学习意愿和学习能力方面，学生之间的差距是客观存在的，大部分中职学生对专业课程的学习是缺乏意愿的。尽管教学改革一直在进行，先进的教学方法和手段也不断在教学中被应用，但任课教师还是经常会发现课堂教学难以取得预期的目标，学生对专业课程学习缺乏兴趣，消极参与课堂教学，教师无法实施那些先进的教学方法。这一现象的主要原因是学生缺乏学习意愿。当前的"三教"改革忽略了这一点，使得大部分学生具备足够的学习意愿是实现目前"三教"改革目标的前提条件。

（三）"三教"改革的效果

多年持续不断的教学改革丰富了教学方法，特别是各种信息化教学手段让学习已不再局限于普通的教室，教师和教材已不是学生获取知识和技能的主要来源，对专业技能的学习也变得更加便捷和高效。目前"三教"改革带来的积极变化主要体现在三个方面：①教学条件的改善。大部分专业课堂的教学已能够在多媒体教室或实训室中开展，学生能够在高度再现实际工作环境的情况下学习职业技能；②丰富的网上教学资源。目前职业学校已建设了大量的网络课堂，学生可以利用电脑、手机等终端设备进行线上学习，让学生有了很多的选择；③教学设计能力的提升。职业学校已制定了相关政策鼓励教师参加各种技能比赛，如全国职业学校技能大赛、信息化教学能力大赛、微课教学大赛等，促使教师学习先进的教学手段，提高个人的教学水平。

第三节　智慧教育引领下的职业教育"三教"改革

职业教育需要改革的主要内容包括教师、教材、教法，也就是常说的"三教"。"三教"改革需以信息化为基础，结合技术发展以及社会对职业教育的需求进行改革，为职教人才培养提供更加优质的服务。教育信息化建设当中形成的新发展观念是智慧教育，利用智慧教育引领"三教"改革是当前理论发展和实践发展的主要方向。然而，目前从"三教"的角度出发研究智慧教育的内容比较少，因此在新的发展观念下，在智慧教育的背景下，"三教"改革如何实施、如何定义、如何延伸它的意义都是亟待解决的问题。

一、智慧教育与"三教"改革融合的依据

《教育信息化 2.0 行动计划》（教技〔2018〕6 号）中指出信息化在教育领域的应用水平应该提高，师生应该掌握更多信息技术，普遍提高信息素养。但是这一要求在职业教育当中的落实相对缓慢，就导致"三教"的当前改革并没有取得太大的成效，这也从侧面反映出在职业教育领域推进技术应用和教学理念的改革存在一定困难。首先，普通高等教育领域基本已经形成了适合的技术推广手段、推广方法，有成功的案例可以遵照，并体现出了鲜明的指向性，但是，其在职业教育领域适用的范围有限，而且没有实现普通高等教育向职业教育的适当迁移。这些问题的本质是没有建立成熟的理论体系。其次，教师在信息方面进行的交流、对信息技术的支配利用没有达到较高水平。出现这一问题不仅仅是因为信息技术比较陌生或者对信息维度不熟悉，更多是因为育训活动当中参与活动的职业教育者对信息沟通的理解出现了偏差。最后，职业教育领域的育训活动不仅涉及社会建构以及社会学习，还需要信息为其发展提供支持，并且活动的延续也需要大量信息补充。

所以，"三教"改革和智慧教育的结合是当前发展的主要举措，可以让职业教育的信息化有更快速的发展。二者结合要实现的目标是让师生的教育活动、学习活动、交流方式能够达到目前社会的平均技术水平，让教师具有互联网意识，利用互联网进行教育活动。

（一）职业教育系统对智慧教育观念的依存

国内研究者认为目前正处于智慧教育向职业教育全面推动的阶段，并且在此基础上提出了智慧教育的实践、价值和技术逻辑等观点，致力于为师生提供更好的工作学习资源，更好的交流环境，并在学校构建虚拟和现实结合的智慧课堂。也就是说，智慧教育为类型教育的发展提供了技术昌明的环境以及情感沟通顺畅的环境。智慧教育也为教育和学习提供了基本的需求供给，让教育和学习方法可以依靠技术能力进行创新发展。职业教育需要在智慧教育的系统当中明确教育发展的意义及终身学习的价值等，且在引入数字技术后必须完成一系列观念认定，为教育实践提供指向。

（二）智慧教育对"三教"改革理论的托举

智慧教育是利用互联网让学生接受教育，促进学生的成长，与此同时，进一

步实现人的自由发展。智慧教育描述与人的自由发展有关的环境、能力及价值，反映出人们对自由学习、自主构建社会、共享开放信息的期待。可以说，它借助技术能力的支持让人本主义观念成为当今教育发展的核心使命。职业教育在这几年的发展过程中，慢慢地找到了教育价值和就业导向的平衡，形成了多元化的教育格局。职业教育对人才的培养主要应完成的任务是能够进行项目驱动、让学生掌握一些特定能力，并能够服务于特定岗位。这些任务的完成需要通过课堂教学内容来实现，而课堂是任务可以顺利完成的保障。"三教"需要指向课堂，只有这样才能够应用智慧教育，也只有在此基础上，"三教"的改革才能涉及职业教育的核心，完成职业教育发展的使命，实现职业教育模式的革新。因此，虽然"三教"的意义是独立的，但是它和智慧教育的观念存在内在关联，应该综合来看，而不应该分割发展，它们的综合能够让职业教育的发展具有智慧的观念。分析它的本质和来源后可以发现，它依旧是从智慧教育当中获取技术赋能，遵循的本质内涵依旧是以人为本，而且会在职业教育的发展当中得到贯彻落实，也会和信息化发展产生深度的关联，因此"三教"改革可以依托智慧教育提供的理论基础。

二、教师改革——技术交互性下的教师、课程与课堂

从教育体系的角度来讲，教师是其中能动性最强、活跃度最高的因素，因此开展智慧教育离不开教师，"三教"改革应以教师作为改革出发点以及改革切入点，帮助学生在认识知识的过程中把信息转化成知识及经验。当前，国内在进行人工智能和教育的联合研究过程中，主要的研究热点是教师的角色及教师的技术赋能。当前的教育教学理念认为，教师是感知技术和应用技术的主体，职业教育的教师应该拥有更高的信息化教学水平，应该在教学当中有更强的应用信息化技术的意识，但是职业学校和普通学校不同，因为它的场景更加复杂，学习情况、学习行为也是更加多变的。因此，职业学校的教师应该从基础性和事务性的角度开展智慧教育。

（一）教师构建课堂新形态

职业教育课堂使用的组织形式有非常明显的特点，教师需要负责课堂当中的教学指导活动、资源分配及其他内容，这种由教师负责的方式是目前应用最广泛且最为典型的一种结构模式。随着智慧学习工厂的概念及实验迅速推进，课堂在场域方面及活动方面增加了信息维度，信息流和学习需求能够在信息维度内实现一体化。也就是说，课堂的主导者和主体可以进行信息化活动，这里的信息流既

涉及原始信息的信息流，也涉及育训交互活动当中的信息流。教师可以通过对信息流的内容做出响应来主导信息流的方向。这样教师就可以全面引领学习活动的开展，包括引导学习对象更加主动、积极地学习，让学习对象掌握高阶信息技术，也就是让其具备一定的技术能力。教师进行引导的目的是让学习活动得以圆满完成。

何克抗教授以未来教育为前提讨论教育的供给侧改革时提出的课堂结构是"主导——主体"结构，该结构具有的属性表现在三个方面：为学生创造信息化的环境氛围；提供新型的师生教学方式；改变传统课堂使用的教学结构。从这个角度可以更好地理解信息维度在典型结构方面产生的良好效果，职业教育的课程以完成任务为导向，以工作过程为基本。课堂既然作为课程的载体，那么就应该在时间和空间方面为课程的开展提供服务。从这个角度理解，职业教育课堂具有以下抽象化的特点：职业教育课堂要求工学结合，所以课堂就避免不了规模化的实训，在实现过程中学习者可能会产生时域的差异、场域的差异，而信息维度的存在可以让教师对时域动态、活动动态、空间动态有更好的掌握与了解，并在此基础上创设信息化的教学情境。

以智慧学习工厂作为表征，我们发现工业4.0要求职业学校在培养学生的时候要具备更高的工业技术水平，要让学生具有更高的职业素质内涵，而且智能制造工业的快速转型、快速发展使职业教育的学习者有了更高的课堂真实性需求。对于课堂来说，它本身就需要为学生提供足够的装备、合适的情境及场域。除此之外，真实性要求学生应该在职业教育课堂当中获得更高水平的技能，能精准地把控技能产品的质量，与此同时，在施展技能的时候必须遵循技能操作规则。教师从信息的角度出发进行的操作主要是为了给学习者提供更加合适的情境，满足学习者提出的学习要求。对于职业教育来说，它的工作情境几乎就是职业教育课程所需的客观条件。因此，对情境创设进行的服务其实就是在对课程进行服务。

综上所述，由于课程内容可以被数字化，所以课程可以变成信息流，进而与课堂中其他能够进行数字化的信息融合，信息流被客体化这一"兑现"能力展现了技术能力。课堂如何运用此种能力主要看课堂的主导者进行哪种方式的引领。学习者最终技能水平的提升及素质的形成，除了受到强化情境的影响之外，还会受到经验的交流、技能知识的社会学习及社会建构的影响。教师推进课堂的主要方式是为学习者提供能够满足他们需求的服务，并在此过程中引导学生的需求向着某一方向发展，引导课堂中的信息流转化成客体需要，以此来完成课程目标，也就是让课堂中的客观存在和主观存在可以在一个信息维度中被解读、操作。从这个角度来讲，教师、课程以及课堂之间存在非常紧密的信息维度关联，而三者之间的关系之所以能够以新的形态发展是因为教师在这个关系当中发挥了自己的积极作用。

（二）教师促成课堂与课程同一性

工学结合提出的要求是职业教育在开发课程的过程当中要让课程和新的工艺、标准实现对接，且应该符合实际岗位、实际生产的要求。教师引领指的是教师应该根据课程目标有针对性地引领"个体课堂"形成。课程本身具有的功能需要与课堂形态进行充分磨合，以此实现二者的彼此适应，而信息维度为职业教育课堂和课程之间关系的形成提供了全新的方式。

国内的研究者讨论过职业教育课程模式的创新，他们认为新模式应该能够处理更加复杂的工作内容，可以满足企业岗位提出的多种要求，要以实际的工作过程需要作为教育基础，要对课程内容进行系统的处理。但是，信息本身是简单的，而实际的岗位工作内容要求却是复杂的，二者之间没有办法建立直接的关联，因此需要外在手段帮助二者进行关联的构造，而这个外在手段就是学习环境的创设。学习环境的良好创设能让学习者把所有简单信息进行复杂化建构，且整个建构过程会更加自主、积极。有部分研究者认为应该为职业教育学习者提供智慧教育场域，让教学活动从因材施教变成"可因材施教"。具体说来，工学结合提出课程的开展应该配备与课程对应的场域或者实体，而信息技术的存在可以让学习对象和知识之间进行更加充分的对话，为它们的对话提供更好的环境。另外，一个成功的课堂必然是教学信息与非教学信息之间实现了充分互动，也就是实现了间接对话。而信息技术的存在就是教学信息和非教学信息之间结合的黏合剂，它的存在可以帮助教师统筹协调直接对话与间接对话，教师由此可以在课堂中更加充分地展示课程内容，让课程内容的展示效果更好。这种发展模式是开展智慧教育诸多方式中发展前景最好的一种，而且这种模式体现了职业素养的重要性。

职业教育课程进行深度信息化发展的主要路线是：首先，课程一定存在对应的场域或实体，而且课程本身可以被虚拟化；其次，在学习的过程当中，一定会有各种生成性信息，这些信息可以在一定程度上提高课程学习效果，因此，我们可以选择其他的手段促进生成性信息的出现；最后，上面提到的两项内容，它们有相同的支撑技术，而且它们的范畴可以相互连通，都是依赖通信网络技术对各种不同的数据进行处理，以此实现不同的效果，并对不同的对象进行赋能。参照这个路径，教师可以更好地引领学习活动的开展，这是因为"以工作过程为基础"强调要在特定的实体或场域下为学习者提供更加稳定的学习情境，让学习者可以进行低维度学习交流。在进行信息化的情境预设后，会有特别多的信息涌入学习情境中，这时的活动维度是增加的。预设情境是根据学习者的需求创设出来的，而情境中的学习者又促进了情境本身的发展，也就是说，情境的形成依赖于学习者，学习者又反过来在情境当中进行学习。但是无论是情境还是学习者，都是被教师引领的一个信息流。学习者和课程通过信息维度可以彼此进行互动，这种互动的实现依赖的是技术，且教师的参与和引领可以让其发展速率更快。

教师引领的本质是为学习者提供它们需要的课程内容，向学习者诠释课程的任务，并且制定活动秩序，从而实现课堂进程推进。在课堂学习过程中，学习者可以掌握技能，养成职业素养，同时教师也可以在课堂中发挥自己的教学职责、服务职责及管理职责。也就是说，在构建出的新形态的课堂中，教师的所有行为都是教育行为，而学生的所有行为也都是学习行为，教师行为和学生行为在目的上的一致性能够抽象出一个容纳课程内容、学习行为及其他信息的空间。在这个空间中，课程内容信息和教学方法之间是相互对应的。教师应该针对学生主体提出的需求，为其提供实体资源或者非实体资源。学生活动信息和学习领域之间是对应的，也就是说，在经验交流、获取资源或者社会学习的过程中会产生学习行为；两者之外的其他信息对应主导与主体、主体相互之间的生成性需求，技术能力自主引入的各类信息代表有利于课程展开的一切非教育教学因素。由此可见，信息维度的存在把教学法、学习者以及学习领域纳入一个整体中，信息技术的深度介入形成了育训活动中的概念空间。而概念空间是师生开展所有活动需要依赖的桥梁，是以技术能力为基础而形成的。它的存在让课程和课堂之间的类型界限变得模糊。

工业 4.0 时代的到来要求课程也应该步入 4.0 的发展状态。在这种情况下进行课程设计应主要考量学习者的"自我管理"。也就是说，课程内容除了要包括专业技术、技能训练外，也应该涉及个性化内容的定制。个性化的定制功能是对传统课程内容进行革新，是传统课程内容为了信息维度而做出的突破。课程个性化定制功能实现的主要突破点是师生关系以及师生之间的互动。在强调学生是学习主体时，还可以从另一个角度去思考，也就是弱化教师的主体地位，让教师成为课程的服务者。具体来讲，教师除了为学生示范必要的课程内容外，还应该根据学生的行为为其提供个性化的指导和服务，而不是为所有的学生设置指向非常明确的课堂任务。也就是说，学生需要依赖自己完成学习任务，而教师要做的只是提取信息，并且引导信息流向着某个方向发展，让学生在与信息流的交流和互动当中自主地完成学习活动、学习行为。信息流的传递需要依赖于课程内容，与此同时，课程内容也在信息技术的支持下不断地吸收其他信息流，并将这些信息流转变成可以习得的知识。从这个角度来讲，这便是信息技术支持下的教师和学生之间形成的新的教学状态，并且在这种状态下课程和课堂之间的时间边界、空间边界慢慢变得模糊。

学习者由于开展学习活动，因而占据了课程的主体地位，教师为学生的学习提供支持和服务。由此可见，教师承担引领课堂发展的主要责任。在这种模式下，课程和课堂之间原本存在的缝隙慢慢被忽略，课堂和课程之间的界限也慢慢变得模糊。类型教育的特殊内涵使得职业教育的课程和课堂之间形成同一性。

（三）教师信息素养服务于课堂

智慧职业教育具有的基础特征可总结为：主体和客体通过信息维度进行的交互活动不仅促进主观信息形成，与此同时，还促进客观资源的协调流动。在这样的情况下，学生可以更好地掌握技能，形成职业素质及价值观念。职业学校的课堂非常复杂多变，使得它的场域也变得更加宽泛。因此，这就对课堂的实际操作提出了更高的要求。职业教育课堂由于智能技术的引入而实现了不同场域之间的跨越，各种各样的物理空间可以被融合，因此功能连接和整合是否有机和有效直接影响育训效果，也会影响主导与主体结构在信息维度中的行为延展效果。所有功能的连接和整合受到的最大影响来自教师，因此，教师需要具备一定的信息素养。

首先，类型教育使用的培养方式是育训并举、工学结合，教师需要利用信息交互空间实现场域的跨越连接，以此来实现教学任务。比如，发布教学任务、投递学习资源、全时空参与任务时间过程、全时域把握课程总体目标的进程。由此可见，信息化的加入不一定会改变育训组织方式，但是必定会影响育训的执行方式。信息维度提供的非实体交互空间不仅有助于场域之间的连接，还会提高教师的工作效率。但是，这都不是它的主要作用，它最重要的作用是可以让教师成为"信息的反馈中心"，而教师需要做的就是充分利用"信息反馈中心"。因此，能够善用这个中心便是对教师信息素养的基本要求。

其次，育训中的信息维度并不是要改变师生之间的基本关系，它要改变的是让静态的师生关系变成动态的师生对话。详细来讲，在描述师生关系的过程中，应该从三个角度入手，即教师的行为约束、教师的功能要求及教师的责任强化。信息维度的存在可以让教师从整体上对这三个要素进行更加透彻的把握，但是也需要注意，由于存在交互性，学生和知识之间的对话情况也会变得更为复杂。与此同时，还需要注意一点，那就是信息维度的作用只在于把实体变成虚拟化，并不是要求教师要在虚拟空间内完成所有的工作。它只是为教师面对面的授课提供了更好的方式，有助于教师全方位地、透彻地掌控交流过程，取得更好的交流效果，这一过程的实现需要教师具备在虚拟空间内进行教学、管理及服务的信息素养。

最后，应该保持教师和学生之间的连线。教育的实现需要教育者去理解学习者，保持连线需要教育者了解学习者的学习特点，课堂中开展的活动可以为教育者提供有效信息，以技术为基础发展起来的信息流的主要目的是实现学习者和知识之间的交流对话，为学习者创造更好的课堂情境，为学习者提供各种各样的信息。教育者需要从系统中提取有助于开展教学的相关信息，并且利用这些信息持续地致力于教育教学。从学习者的角度来说，社会学习或者社会建构都需要以学习者和知识之间的交流为基础；从教师的角度来说，学习活动的开展或引领学习者进行学习都必须要利用信息素养。只有教师具备了信息素养，才能实现教育的价值，让教育变得有意义。

根据当前的研究结果，职业教育领域的教师并没有形成强烈的信息意识。因为信息素养水平不高，教师的整体思维方式比较落后，所以就导致信息技术在教学中的应用不深入。从当前的研究结果来看，教师的信息素养已经制约了教学模式的革新，但是，这也侧面反映出了教师信息素养对教学发展的重要性。

三、教材与教法改革——"三教"在课堂层面的整合

教师的引导主要是指对信息流的引导，同时，教材和课程应是相互匹配的，而且教法也应该适用于教师开展的活动，这样的教学才是有意义的。教材和教法都是教师的主观选择，是教师在思考课程需要和课堂需要后做出的选择。但是，在传统的教学环境下，这样的选择既会受到教材当中信息量及信息来源的制约，又会受到教法在信息呈现能力上的限制。相比于传统的教学，信息维度要求教材的选择应该和教师具有的信息素养相匹配。只有在这样的情况下，教师才能选择最适合的教法，为学生提供更好的教学。

信息化是教材与教法改革的必然选择。在传统的课堂以及课程开展过程中，教材和教法只受到教师主观想法的影响，但是在信息维度的模式下，教材不再只受到教师的主观选择，而是受到教师和学习者的共同选择，相应地，也需要在此基础上选择适合教师和学生的教法。也就是说，教材和教法是基于课程要求和学生需求而共同选择的结果。

首先，职业教育改革提出学校和教师应该根据职业技能资格证书当中的职业技能开发有关课程，其中特定职业技能及新职业技能需要由职业学校开发课程对学生进行培养，同时课程应该结合理论和实训，以"工作过程"为基础进行设计

开发，而且职业教育背景要求教师应该根据装备条件、信息化资源条件、师生之间的面授条件、场域条件进行教材的内容编定。与此同时，教师还应该为学生的知识学习创设宏大环境。其次，由于职业教学中存在岗位教学、校企合作办学、生产性实训，所以育训课程中必然会体现出多元的组织秩序，学习也会体现出随机性，信息的传递也变得更具有针对性，这直接导致出现了非常多的个性化学习行为。学生提出的个性化学习需求也需要在课堂中被认真对待与满足。换句话说，虽然可以为学生学习提前预设宏大环境，也可以为其准备固定教材，但是学生的学习和工作依旧会体现出个性化需求，因此最合理的操作是从宏大环境当中选取适合学生个性化学习需求的一部分作为学生的学习教材，比如说活页形式教学资料、手册形式的教学资料等。

由此可见，在依赖信息技术维度为学生提供学习资源的过程中，教师也掌握了学生的各种个性化需求，信息化的深度发展使得教材也变得越来越个性化，并逐渐显现出私有的特点。尤其是教师在教学过程中对学生个性化需求的响应，更是助推了教材的私有化发展。同样，教法也可以进行这样的发展。由此可见，在利用信息化技术让教材和教法适合教师的教学需求的过程中，也让教材和教法更适合学生的需求。在教师对课堂和课程进行定制的过程中，教师和教材之间的关系发生了变化，教材开始适应教师的需求，与之相对应，教法也会发生改变。

四、"三教"课堂整合助力智慧教育发展

我们从整体的角度考虑教师的信息素养、教法及教材后会发现，职业教育在开展信息教学的过程中主要围绕的是课程。利用信息技术，可以将学生的需求转化成信息维度中的信息流，并利用信息维度让教师接收学生的信息流，从而实现教师和学生之间的沟通。信息维度的存在可以让之前存在于客观条件下的"三教"要素借助技术的方式突破原来的客观物理逻辑，并通过信息流的方式按照教师和学生的需求自由联结。本节从职业教育课堂的整体角度分析，能够得出以下认识：

第一，对教师产生的认识。教师需要遵照职业教育的标准对某些技能课程的教材内容进行编写，编写课程内容时最重要的一点是要让课程内容可以通过信息技术的方式以数字化的形式出现在特定的场景中；教师需要在"三教"课程中进行实体和虚拟的结合授课，授课的重点在于师生之间要建立需求联结，通过需求实现不同空间的跨越，通过需求保证教师和学生始终维持在连线状态；教师和学生想要保持连线状态，需要教师了解学习对象，并且进行一系列面向个体的个性化的学程设计、绩效评价设计，设计的重点主要是根据不同阶段的学习特点和学

习需求合理地配置资源、配置育训场域。

第二，对教材产生的认识。职业学校在和企业对接、和行业对接或者和新的技术工艺对接的时候，需要让学习资源以信息流的方式应用在课程中，而被提取出来的某一部分信息流就是我们所说的教材。学习资源既要满足课程展开的具体要求，又要满足创设情境的需要，还应该为育训岗位工作场景的创设提供支持。除此之外，学习资源还应该为学习对象的自主学习、自助学习提供支持，比如为学习对象提供经验资料服务，以此帮助学习对象进行技能知识建构，让学习对象完成社会学习。这里所说的经验资料可以是大数据等技术支撑下的技术成果。

综上所述，由于信息维度的存在，育训以及师生活动中的主观存在和客观存在被整合在一起，并通过需求为纽带实现了联结。联结的主要目的是实现课程目标。教法的选择需要根据学习者的需求来定，具体来说要满足四个要求，即随时进行教材更新、个性化地开展课堂活动、应该为课程展开设置教学情境、学习资源应该是泛在化的。学校可以根据这四个要求的功能构建教师引领模式下教育教学需要遵循的常态化秩序。信息维度的场域包括虚拟的空间、生产岗位及实体境脉；信息维度的主体包括校企以及各个产业、行业；课程的传教内容会对课程资源、生成性知识及经验知识进行一定的吸收；学习形式是丰富多样的，比如社会学习、线上学习、线下学习、社会建构等。

从整体的角度来讲，"三教"利用信息维度实现了不同要素之间的整合，在教师引领的模式下，学习者提出的个性需求可以得到满足，并且可以根据学习者的个性需求进行教材的选取，教法也自然而然地适应了教学过程。可以说，智慧教育实现了"可因材施教"。

对于普通高等教育及职业教育来讲，"三教"并没有体现出本质上的差别，但是职业教育本身要求的育训并举、工学结合使其要对接技术发展与工艺进步，要联合其他的培育主体，共同培养学生的职业素质，所以职业教育开展信息化教学必然要连接企业、行业及高校。对于课程开发来讲，教师的信息素养是课程开发的基本保障。但是需要注意的一点就是，信息维度既不会对教学中的基本关系产生影响，也不会改变职业教育当前要实现的教育目标，其价值本身只是从技术的角度帮助职业教育更好地感知经验世界、认识客观世界，更简单地进行需求的表达，并更好地促进资源驱动，让教育有更加明确的目标指向。信息维度以信息畅达为要领，以响应需求为效用，能够为职业教育教学提供更适合的育训范式。它的存在满足当前的信息化发展要求，并且和"三教"改革的初衷也是吻合的，而且和职业教育改革提出的主要目的也是匹配的。

第二章 中职学校"三教"改革的动力——产教融合

第一节 产教融合的概念由来及程序

一、产教融合的概念由来

产教融合作为一种价值取向，在国家层面上体现为职业教育体系和产业体系的结合，在中职学校层面则体现为产学研合作的办学模式和人才培养模式。详细来看，这也是深入和广泛地结合教育和工业、教育和生产的一种重要体现，是产教融合的平等互利和谐关系产生的重要前提和基础。

生产结合教学是产教融合的尝试方式。这需要职业学校从自身条件出发进行专业产业建设，通过与行业结合来促进教学和生产的双赢，并为学校的人才培养、科研教学的一体化管理提供优势，进一步加大校企合作力度。

生产是产教融合的前提和基础。在专业实践教学中，要突出产品生产的重要作用，如此才能有效提升教师水平，也才能有效提高学生的技能。当然此处所提到的生产并不是工厂生产，而是以教学为目的进行的生产。其本质和侧重点是教学，经过成熟化后，应该向着"生产、学习和研究"的方向进行，并以达成学校的"生产、学习和研究"能力为目标。中职学校必须根据市场的需求来改革人才培养方向，并将之落实到行动上，这样才能不断地优化和提升水平。

从现代意义上来看，英国是最早倡导工作结合学习、生产结合教育的教育模式的国家。而美国辛辛那提大学的工学院院长赫尔曼·施耐德是全球公认的该种教育模式的创始人，这主要是由于他发现学生只有通过工厂实践而非书本才能获得实用技能，并对这一现象给予了高度重视。为此，他积极地倡导学生参与到工厂实践生产中，然后再通过课堂授课帮助学生学习巩固知识体系。只不过这还只是停留在教育模式的提出阶段，未经过实践验证。之前的教育模式是以教育结合生产劳动或者教育和生产、科研为一体的模式。中国学者在 20 世纪 90 年代初从中国的国情出发，提出了"产学合作教育"的理念，成立了中国产学研合作教育协会，对此模式进行了详细的论述，并指出：工业和学习的合作教育模式是为了促进学校和雇主之间的无缝对接，并将学校在校企合作中的作用和价值凸显出来。此外，这和苏联的基于人道主义和民主化的合作教育是有所不同的。由于形势的发展和变化，产学合作教育的科研价值也逐步凸显出来，基于此，"中国产学合作教育协会"更改为"中国产学研合作教育协会"。不过名称的变化并不代表本质的改变，产学研合作教育依然是学校基于用人单位的需求进行的人才培养。

二、产教融合的程序

第一，双方洽谈。主要内容：①合作办学模式。②合作办学目的与动机。③合作办学投入，包括场地、房产、资金、设备、仪器、软件、耗材等。④合作办学层次。⑤合作办学机构组成。⑥学校教学计划与企业生产的衔接问题。⑦合办专业与招生。⑧学生实习与就业。⑨人员、教师的安排。⑩学校可提供的场地与教学行政用房，可建"校中厂"的场地与用房，包括面积、位置、承重、办公与设备安排、作用、具体人员安排等。⑪企业可提供的教学与实训场地与用房，可建"厂中校"的场地及具体的安排，以及学生在企业的食宿安排。⑫技术服务。⑬学生的考核与评价。⑭合作时间。⑮企业收益。⑯企业进驻学校后带来的交通工具停放、道路使用的问题。⑰设备安全（防火、防污染等）。⑱装修标准。⑲明确双方的权利与义务。

第二，达成与签订协议。①起草协议。②协议要经学校产教融合办公室审查。③涉及财务方面的条款要经审计处审查。④视合作的具体情况，对企业捐赠的设备、仪器或软件要请评估公司评价其价值。⑤评估企业进驻后，学校所提供的水、电、网络、电话等资源的容量配置能否满足企业要求。如果不能，要考虑增容，增容的资金可由双方商定。⑥涉及投资或学校有投入、有收益的协议还应由审计部门审计。若有问题，应予以更正。⑦应由学校产教融合办公室主持协议签订仪式，双方签订协议。

第三，涉及招生的计划。纳入专业招生计划，要及早做计划或从中挑选出学生。

第四，实施协议。①装修相关场所时，在装修前，要将所有施工方案交由负责建筑物及水电的后勤部门、负责网络的主管部门、负责电话的院办审定后方可施工。施工、设备安装等操作日期不能与上课时间有冲突，其造成的噪声及影响应事先评估并采取措施予以避免。要有大致相当于环评的程序，确认不会造成不良影响。②为取得学校相关职能部门的配合，在有必要的情况下，协议要交由相关部门备案。③成立机构，企业正式进驻学校。④保卫部门要发给企业进驻学校人员相应的出入证件及指定停车位置，并发给企业相应的管理制度册子。⑤安排教学活动。⑥安排相关的技术服务等工作。⑦评聘企业教师。

第五，绩效评价与总结。在学校产教融合实施之后，要进行绩效评价，提交总结。

第六，结束合作。按协议规定，合作期限到时，终止合作。若还有继续合作的意向，可继续签订合作协议。

在产教融合的过程中，影响学校和企业合作的因素繁多复杂，它们之间相互影响、相互作用、相互串联，有的是并列关系，有的是因果关系，有的甚至表面毫无关系但是间接存在联系。这些因素之间存在着相对的不确定性，这些都增加了产教融合的复杂性和难度。因此，若要全面综合地分析和评价影响产教融合的相关因素，则必须从多个角度综合考量各个因素，这样才能保证分析的科学性。

第二节　影响产教融合的主要因素

一、影响产教融合的主体因素

（一）学校因素

1.领导办学理念与领导力

我国目前所处的经济环境有着越来越大的行业压力，需要进一步调整产业结构，并且人才培养也无法满足当前经济转型期的需求。因此，中职学校当前面临着亟须解决的问题，即怎样让企业、社会、市场与学校在利益上产生结合，实现校企的真正合作，降低办学难度，及时响应市场反馈，从而找到学校和企业之间最适合的办学发展道路。学校领导在面临这种情况时，最重要的就是充分发挥出领导能力，以体现办学理念。领导能力指的是组织各成员实现可持续发展、充分发掘成员的积极性、设立目标、妥善合理地实施计划和战略等。这其中的维度有四个，即取势——把握趋势，即思维决策、规划、判断的能力；树人——发展人才，即培养下级、理解他人、调动下级积极性的能力；明道——价值取向，即自我领导、共赴愿景的能力；优术——运营组织，即解决问题、创新、劝说、实践调查的能力。其中最重要的就是思维决策、规划、判断的能力。从组织的角度来说，可以将领导比喻为组织的"大脑"，组织能够取得的成就大小取决于领导的思维规划和决策能力的高低；从领导自身出发，一个领导者可以从其具备的思维规划和决策能力来展现自身的魅力和公信力。

综上所述，中职学校领导的办学理念和领导力对校企合作的主要影响有如下两方面：

第一，中职学校领导捕捉与校企合作相关的市场信息特别是隐形信息的速度会对校企合作产生重要影响。学校只有在办学理念上具备较好的开放度和先进度，才能加强与外部经济环境和市场环境的合作和练习。学校市场经济意识的形成会受到校领导能力的制约。国家宏观经济发展策略和地方政府教育发展规划、法律法规规定都会直接制约校企合作的发展走向。

第二，中职学校领导的办学理念和领导力会对合作企业的积极性和信任度产生一定的影响和作用。学校的决策观、管理观、格局观以及办学观都是由校领导特别是校长决定的，而这些又会直接影响学校的发展和社会形象、未来发展潜力等，并对企业的合作愿望产生较大的作用。对这一影响和作用的理解可以从以下两个方面入手：首先，校企合作的深入程度、可能性以及预期效益直接受到学校领导的合作态度、理解程度以及重视程度的影响，这对校企合作的积极主动性和信任度产生较大的作用；其次，学校的办学思路和未来发展方向也会受到学校领导办学理念的影响，并对所有的教职工和学生的利益和工作态度也有着一定作用。这会决定校企合作执行的顺利度和效率，对双方合作的紧密性、友好性和创新性产生直接影响，并会决定校企合作能否长期稳定。

2. 师资队伍的结构与水平

虽然各个中职学校有着不同的师资水平，不过从整体上而言，学校本身就是人才密集的地方，因此校企合作对教师如何理解企业需求，并将之转化为教学内容和教学案例的能力有着较高的要求，同时也比较重视教师对学生实际操作能力和动手能力的引导作用。因此在校企合作中，师资队伍的结构和水平也决定了合作能否长久稳定运行。师资队伍的结构和水平会对校企合作产生以下几方面的影响和作用：

第一，校企合作的级别、层次以及能够获取到的项目的质量和规模都会受到师资队伍结构和水平的影响。师资队伍的结构和水平由教师的课堂教学能力、在行业领域中的任职经历、学术研究上的科研成果质量、专利积累数量和技术含量、大师级的引领性人物和社会声望、专业能力等各种素质决定。师资队伍的结构和水平既会对企业的合作价值评估产生重要的影响，也会对企业是否会合作产生决定性的作用。学校较高的科研生产能力和技术转化能力需要具备较高的结构层次和较雄厚的师资力量，这也是企业衡量学校水平的重要指标。

第二，校企合作的执行效果和能否深入合作也会受到师资队伍结构和水平的影响。教师的科研能力和技术服务转化能力会受到师资队伍水平的制约，也会对人才培养的质量产生一定作用，也是学校能否为企业提供科研成果和服务质量的决定因素，并会影响校企合作项目的执行效果。教师的研发能力和技术服务转化能力是企业比较重视的能力，它不仅会直接影响企业的合作利益期望能否达成，也会影响学校能否和企业继续合作或深入合作。

3. 专业结构

学科分类、社会行业需求和侧重领域等都是专业划分的重要因素，以实用性、就业适应性、基础性以及学术性为基础，在加强体现专业性的同时兼顾综合性。教育和社会、经济的连接纽带就是专业结构，这是中职教育适应社会发展需求的表现，也是输出对口的关键。学校要想能够较好地吸引企业就需要具备较合理、独具特色的专业结构。专业结构的影响主要表现在以下方面：

第一，它决定了企业资源的投入程度。中职学校的专业结构只有高度切合目前的经济和社会发展趋势，才能对企业形成较大的吸引力，否则将无法获得企业的认可，从而导致合作的终止。换言之，若是中职学校的专业结构设置体现了行业发展趋势，则会得到更多企业的青睐。

第二，它决定了地方政府的支持力度。地方政府对本地区经济的发展和产业结构的优化给予了高度关注，因此非常重视本地区的产业人才培养。若是中职学校的专业结构设置能够符合当地经济主导支柱产业的发展需要，则会获得更多政策扶持和财政支持，这是促进校企合作的重要保障。与此同时，地方政府通常都会竭尽所能地为主导支柱产业提供扶持，以便促进地方的经济发展和税收收入，这必然会给企业的发展带来利好的条件。当然，学校还应该具备和企业发展需求相适应的专业开设能力，并能够及时调整和完善相关专业，这也是吸引企业的一个重要方面。这些条件都需要学校领导者能够具备较好的决策判断力和市场洞察力。

4. 整体管理水平与执行力

从现代管理的角度来看,执行力是充分实施战略意图、合理利用各种资源、确保目标可以顺利完成的能力,就等同于行动力。每个管理中都必须包含决策和执行,二者缺一不可。只有真正贯彻正确的决策才是有意义的。落实过程决定了决策能否被较好地执行,也就是在落实目标的过程中所采用的措施是否明确、细致、翔实、认真、可行。详细来讲,管理水平和执行力对于中职学校来说都是必不可少的,二者缺一不可,具体而言:学校领导层是否能真正地支持、理解校企合作;中层管理者是否能理解领导层的用意并进行协调和组织;各个职能管理部门能否做到良好的沟通、协调和配合,从而保证效率;执行的主体——教师能否积极、认真、自愿地完成工作职责等。

办事能力从个人的角度来看,就是执行力;从团队的角度来说,就是整个团队通过合作而克服困难或完成任务的战斗力;从中职学校的角度来说,便是指学校的整体实力水平。通常而言,在校企合作中学校的整体管理水平和执行力主要体现在以下几个方面:

第一,在校企合作项目中,学校领导层对校企合作的态度、理解及认知度都会直接影响校企合作项目的整体推进。在项目中最重要的因素就是理念,它是促进项目实施的重要前提。校企合作不会影响学校和企业的内部管理机构及其运行属性。从中职学校方来说,其职能部门和执行团队成员依然受领导层的管理,因此在合作项目的整体推进中,领导层的认知水平将有着直接的制约作用。若是项目获得了领导层的支持和认可,那么推进就会更加顺畅,成效也会更快显现。

第二,校企合作项目的运行效果也会受到中层管理者组织协调能力和创造创新能力的制约。在项目推进过程中,中层管理者是行动力的代表,是领导层用意的传递者。任何校企合作项目,都离不开学校人事、资产设备、教学管理、学生工作、后勤保障以及财务部门的通力合作。这些部门只有具备良好的适应能力和改变能力,具有挑战精神,才能更好地为校企合作项目的顺利实施提供优势条件。若是这些部门的管理者对学校发展战略变化的感应力较弱,无法及时应对校企合作中的变化,就会加大校企合作项目的推进和执行难度,不利于调动相关院系和企业的积极性和自主性。

第三,对校企合作项目的顺利实施产生直接影响的还包括相关职能管理部门是否具备健全的管理机制。学校职能部门的服务质量会受到职能部门教学理念的影响;并且学校现有资源的合力效应的产生需要各个职能部门之间可以通力合作且具备较好的协调和沟通能力，这也是合作项目顺利推进的重要影响因素；此外，学校若要具备及时的教学变化适应能力就需要职能部门内部具备完善、系统的管理机制。以上因素都将对学校内部资源的整合配置产生直接的作用，从而为校企合作项目的顺利推进提供一定动力。

5. 人才培养形式与质量

中职学校具有各种形式的人才培养模式，最常见的有全日制教育、远程教育、研讨班培训、专门性的短期培训以及成人脱产教育等。从企业的角度来看，企业也具有多层次的人才培养需求，具体包括高级精英人才、职能管理人才、基层管理人才等，而且具有不确定性的特征。而学校多样化的人才培养模式正好符合企业的人才培养需求，并对企业的合作选择意象也能产生直接的作用。此外，企业也非常关注中职学校的人才培养质量。人才培养质量可以从学生的自我学习能力和创新精神、知识灵活应用的能力、扎实的基础知识体系、良好的社会责任感和人文素养等方面来考虑。在校企合作过程中，人才培养质量虽然具有一定的保障作用，不过却不是最关键的，因为学校内部的其他因素都会对人才培养质量产生一定作用。

6. 相关硬件设施条件

中职学校的硬件设施是指中职学校所具备的固定不动的，可以对教学任务产生辅助作用的基础设施，它通常包括三个方面的内容：教学环境、学习环境和休闲锻炼环境。学生良好的学习条件需要有一定硬件条件作为支持，这既对激发学生的学习自主性很有益处，同时也可以作为一个学校综合办学实力的评价指标。任何教学活动和合作项目都要依据基础硬件设施展开，这也是学校承办校企合作项目的前提条件。和其他影响因素不同的是，硬件设施会直接影响校企合作的稳定和长期发展。因此，相关硬件设施的建设也有利于强化开展校企合作项目。整体而言，中职学校的六大影响因素是相互关联、相互作用的。其中最关键的影响因素就是学校领导的办学理念和领导力，它决定和制约着其他四个因素即专业结构和特色、整体管理水平和执行力、相关硬件设施及师资队伍结构和水平，而这五个因素又对人才培养的质量形成一种影响合力。

当然，专业结构的设置和特色发展也会受到师资队伍结构和水平的制约，并会影响整体的管理水平和执行力，从而影响相关硬件设备的维护及修缮等。为了有效提升校企合作的效率，改善目前这种校企合作的困境，中职学校应该找到自身存在的不足和缺陷，以六大制约因素为切入点，不断提升和完善自己。

（二）企业因素

1. 企业的核心价值观

企业的道德观念和经营理念受到企业价值观的影响，而企业的经营方向、经营目标以及经营战略则由企业的经营理念所决定，企业的社会责任意识由企业的道德观念所作用。任何合作都来源于需求，当然校企合作也是如此。

第一，企业通过自身的科技优势、营销优势、资源优势以及未来的发展方向所确认的经过消费者和竞争者需求认可的一种基本原则和设想等便是企业的经营理念。企业的合作目的、合作方向、合作内容和合作形式的确定都受到经营理念的影响。另外，企业的经营理念还会对企业利益诉求是长期的还是短期的产生决定性影响，而长期诉求和短期诉求的不同会导致形成不同的合作内容、合作方式以及合作对象等。通常情况下，注重短期利益的企业，其创新需求和能力要求都较低，这会造成企业难以长期、稳定发展，基本也不会有校企合作的意愿，就算有，也只是为了减少成本来获得廉价的劳动力，这并不利于学校的长远发展。如果企业追求的是长远利益，就必然会对六个关键点（市场地位、创新的表现、生产力、吸引人才的能力、支付的流动性、利润）有着深刻的理解认识。如果一个企业的价值观能够有如此高度，那么这个企业就是注重技术创新和人才储备的企业，它才会有精力和需求去考虑与学校进行创新合作、技术合作和人才合作等。从企业角度考虑，这是校企合作完成的第一步。

第二，企业只有同时具备需求、强烈的社会责任意识和合作育人的教育理念，才能参与到校企合作中来。当然，这需要企业具备良好的道德观。很多企业基本上由自己承担盈亏，若是不具备良好的社会责任感和道德行为，则很难为教育事业的发展出力。

第三，企业的价值观在一定程度上也是由领导或者领导层的价值观所影响的。校企合作是综合企业和学校两个不同社会组织的一种合作模式，最终能否达成合作意向则主要取决于领导层的意愿。换言之，企业的利益和企业领导的价值观具有一致性，这对企业和学校的合作模式和合作程度产生直接影响。良好的企业价值观能促进企业长期、稳定发展，并能够在校企合作中产生积极的推动作用。

2. 企业的行业属性与规模

第一，企业的行业属性决定着企业合作的意向和迫切度。在新兴的高精尖行业，如医药企业、生物工程企业、国际金融投资企业等，这些企业选择与学校科学研究合作的意愿比较强烈。这主要是因为这些行业都是专业性极强的行业，需要专业性极强的人才和科研成果的支撑。而很多中职学校对当前最新的研究方法和成果都有较准确的掌握和积累，并且经过多年的技术积累和成果产出，具有较强的创新能力，或者说更能在最短的时间内理解企业的需求，完成企业的定向研究。最重要的是学校的大部分研究成果并未进行技术转移和市场转化，这就意味着企业一旦选择与学校合作，便能够成功获得这些科研成果的使用权，再利用企业自身的生产、加工和销售优势，便能够很快将成果转化为突破性创新产品，推向市场，占领市场，获得经济效益。

第二，企业的规模决定着校企合作的具体形式。为了研究的统一性，国外学者桑托罗（Santoro）将校企合作大致分为知识转移、研究支持、技术转移和合作研究四种模式。他认为，知识转移和研究支持是企业经常采用的两种模式，大型企业通常会选择这两种模式来加强其在非核心产业技术方面的实力，而小型企业通常会选择这两种模式来加强其在核心产业技术方面的实力。这主要是因为大型企业财力雄厚，为了始终保持产业技术的绝对优势，必须拓展技术积累和数量，以保证其时刻具有较强的技术实力和主导力，所有有精力、有实力、有意愿对一些未来可能发展成为核心技术的产业领域进行基础研究和技术研发。但是鉴于这些技术与企业自身的主流核心技术相差较远，在市场和时机未成熟的情况下，还不能投入太多，因而与学校专业团队合作就成为最节约成本且效果最好的途径。对于小型企业而言，这类企业主要以拓展市场、占领市场份额为主要目标，更易受人才和资金的限制，根本没有精力和时间进行核心产业技术的研究。这部分研究虽然重要，但不是小型企业最迫切的。面临大型企业的竞争压力和外界环境的日新月异，小型企业如果想在投入较少、取得的收益较大而且周期不能太长的情况下获得核心技术的突破和创新，那么与学校定向合作研究就是最经济的路径选择。当然，这种大型企业与小型企业选择与学校合作的意愿及方式并不是一成不变的，在不同国家、不同区域乃至不同发展阶段都会存在差异。

第三，企业的行业属性决定着企业自身产品的生命周期。企业的产品周期包括四个阶段：一是发展；二是成长；三是成熟；四是衰退。各个阶段需要不同的资源和技术类型。例如，在发展阶段，企业应该积极的对市场进行拓展，对产品进行研发，抢占市场份额，这一阶段就需要新技术的支持，可以通过校企合作来获得更加先进的技术。在成熟阶段，企业的经营在不断扩展中，经济效益基本上已经达到顶峰，对创新要求则比较高，需要吸纳大量的创新型人才。这一阶段的企业更注重和学校进行人才联合培养项目合作。因此，校企合作的方向、动机以及参与程度也受企业产品周期的影响。

3. 企业参与合作的投入产出比

校企合作项目的质量和层次是由企业参与校企合作的投入产出比所决定的。在市场经济体制下，企业基本自负盈亏，因而对产出比的衡量是非常重视的，即要求不断地减少投入成本，从而获得最高利益。因此，企业和学校的合作从本质上看也是一种投资获得，只有投入产出符合企业的预期目标，才能促进校企合作正常运行。当然，已经开始运行的合作项目也需要能为企业带来预期的效益，这样才能激发企业继续合作的意愿。

4. 企业的吸收能力与研发能力

企业的吸收能力是指企业基于已有知识储备而进行的各种信息学习、挖掘和吸收，并将之转换为内部知识和显性知识，以此来指导企业获得更高的商业利益的能力。在知识的传播转移中，企业的吸收能力是最为核心的，会对企业的人才层次需求产生较大的作用，并对校企合作的整体绩效产生直接影响。因此，企业的吸收能力将直接制约校企合作的整体效益。比如，企业去劳工市场就能满足较低层次的人才需求，并能有效地减少人力成本的投入；若是需要较高层次的人才，则可以通过校企合作开展定向人才培养项目。当然企业的生产方式是由企业的价值观、行业属性和规模等所共同决定的，而生产方式又对企业的人才层次需求形成直接的影响。企业具有多层次和多维度的研发能力，从而能够及时有效地响应企业的各种突发事件、技术难题、外部竞争以及重要事件等。这才是企业市场竞争优势能力的体现，而且这种能力具有互补性和协作性等特征。若是企业具有较强的研发能力，甚至高于行业一般水平，那么企业就不会具有较高的学校研究开发支持意愿。若是企业需要进行定向研究开发合作来解决某种问题，则会提升其研究开发合作的意愿。当然，这种研发意愿主要由企业的市场竞争环境影响，而区域经济的发展态势又会影响市场竞争环境。整体而言，企业合作意愿的形成主要由企业的参阅合作的投入产出比决定，当然，也会有其他影响因素的存在，而且各个因素之间相互影响、相互促进或相互制约，从而对校企合作的正常运行形成一种促进合力。

二、影响产教融合的环境因素

（一）内部环境因素

校企合作的内部环境因素是学校和企业能够达成合作的内力，主要包括经济效益、创新资源、主体战略、技术积累以及潜在风险等。

1. 经济效益

学校与企业之间达成合作最直接的原因是经济利益,这也是两者相互促进的动力。在双方合作时期,经济利益是彼此考虑最多的因素。对于企业来说,利益最大化是发展的目标,而对于中职学校而言,其发展目标是积累教育资本,培育出更多应用型人才,因此二者相互合作比单方面发展所获得的效益更大。当然,经济利益并不单指资金,还包括先进的技术、高新设备、现代化生产线等。知识产权、专利等也属于经济效益的一种。

经济效益根据实现时间的长短可分为长期效益与短期效益。通常情况下,直接促成校企合作的多为短期利益,而与之对应的长期利益多侧重于合作的稳定性,促成校企长期合作。不管是长期利益还是短期利益,对于校企合作均非常重要,当然两者之间也存在差异性。当校企双方均为实现短期效益时,那么合作期间考虑的多为成熟技术,并且有一定市场与产业链,追求的是产品的创新以及技术的改革,两者之间相互合作进行研发,达成优势互补,合作共赢。相反,如果校企双方均追求的是长期效益,那么真正合作的时候首先考虑的便是实验、创新方向、新工艺探究等,虽然在此期间可能会丢失一定的短期利益,但是最终长期利益的实现可以很好地弥补原先丢失的短期利益,并获得更大效益。整体来说,校企合作的本质是提升经济效益,因此合作过程中经济效益是双方均一直考虑的因素。在成本投入较低的情况下,不断探索研究,合作共赢,这也是校企双方在合作过程中的共识。

2. 创新资源

经济利益是校企合作首先要考虑的因素,但其他因素也不能被忽略。创新资源便是其中一个重要因素。例如,资金、技术资源、信息资源、设备资源、研发人员等,这些均必不可少。在实际校企合作过程中,各种资源均相对较少,资源分配不均以及各种资源缺乏的现象非常多,再加上各种限制条件,以致校企合作并不能充分发挥其作用,这种情况在一定程度上影响生产创新活动的进程。当然也是由于资源缺乏,高校及企业均需要发展,便由此激发了校企之间的合作。在合作过程中,研发人员、信息资源、设备等均可以实行共享,以便实现资源的优势互补,促进研发创新活动的进行,同时增加各项创新的成功率。

企业的资金资源较为丰富,且自主性较强,利益优势非常明显,但是企业在创新研究以及开发方面,相应的技术人才以及成果积累等相对较少;而学校则与企业相反,学校的资金多为财政支持,有一定的限额,自主性较差,且商业资金支持较少, 导致在研发创新较多的情况下资金会出现缺口, 但是学校的人才较多, 相对来说研究创新效率较高, 出成果较多, 且有一定的质量保证, 所以在此方面有明显优势。通过校企合作, 企业的资金可以有一部分投入研发创新中, 以增加学校研发资金, 同时学校的师资力量及研究人员等可以注入企业, 为各项产品技术研发提供对口人才, 以弥补企业专业人才不足的 "短板", 增加科研创新效率; 同时, 在校企合作进程中, 学校所拥有的各项信息资源以及原有科研成果等均可融入后期的研发中, 将各项科研成果转化为经济产物, 在研发创新的同时适应市场经济的发展, 为我国产业化发展打下坚实基础。综上所述, 校企合作的创新资源是不可缺少的。

3. 主体战略

从主观意识形态方面考虑, 主体战略对校企合作的发展也起到一定的促进作用。主体战略并不同于上面提到的创新资源, 其主要是从整体规划方面来进行考虑。校企双方的主体战略均是由各高层就未来发展趋势所做出的宏观决策, 经确定以后会按照各项规划陆续进行。

虽然学校和企业的各项运行机制以及管理有很大的差异, 但是均是由高层进行领导的。因此校企合作是否进行以及后期进程等整体规划均由双方高层确定方向, 整体的方针及合作方向等均由其决定。相对来说, 对校企合作非常重视的高层, 在创新研发投入时就会更积极, 投入量也较大, 同时对组织、资源以及人才投入等方面的管理也会更加专业, 为后期校企合作及创新研究提供优良的环境, 从而提升创新效率, 加大校企合作效益。当然, 如果双方的领导层能将校企合作与双方的发展相结合, 那么校企双方均会主动寻求机遇与方向, 积极寻找适合自身发展的条件, 并使之不断壮大, 通过确定长期合作, 提升各自的生产创新能力及科研能力, 使校企合作利益长期化、最大化。

另外, 校企双方的领导层是否重视其合作, 对能否实现后期的发展与科研成果均起到重要作用, 并且直接影响着双方的合作长短及利益情况, 进而影响双方发展。整体来说, 主观意识形态上的主体战略因素对双方合作影响深远。

4. 技术积累

技术积累是知识量与技术成果的积累, 这是校企双方在合作过程中对自身情况的积累。随着企业及学校的发展, 技术积累也会发生变动。学校及企业不但技术积累对于整个行业以及社会来说是非常少的, 而且创新技术以及科研成果等也较少, 甚至可以忽略不计。只有不断增加各单个个体的创新技术与科研成果, 方可促进整个行业及社会知识总量的增加,从而让个体在社会中占据更重要的位置,并从行业群体中脱颖而出。当然,即使单个行业已经占据领先地位,但是其知识与技术积累是否顺畅也是不确定的,因为在发展中的某个时期必然会有瓶颈出现,通常这时候,单独的企业由于自身条件有限,不能很好且快速地度过所处瓶颈,因而需要其他方面的支持,从而形成合作。当然有的个体相对来说非常强大且较为成熟,可以自己克服困难,但是这是否为最佳选择又是值得考虑的问题。因此选择合作、创造合作机会、双方优势互补成为这类个体的一个新选择。

5. 潜在风险

当然社会在变化,经济在发展,合作相对应地也会有风险存在,甚至潜在的风险一直存在于合作进程中。在校企合作进程中,双方均会投入一定的资源,但是对于最终的结果,合作前期只是预测,其对应的创新成果能否完成、是否能达到预期、是否对双方发展存在影响、能否创造利益等均是不确定的,因为这些因素并不是在合作前期便可以控制的,所以存在一定潜在风险。以下将从两方面进行研究分析:第一,在校企合作过程中,企业是实体资源与资金的主要投入者,比如科研资金、设备、仪器等。校企合作既要减少企业人员的投入,也要提升企业科研创新的成功率。第二,对于校企合作中的中职学校来说,资金缺乏是其主要面临的问题。且由于学校承担风险的能力远远低于企业,所以其在校企合作进程中多为投入大量的科研人员并进行管理等。因为相对来说学校在此方面的资源较多,所以所承担的风险较低。综上所述,校企合作双方均存在一定风险,在其合作进程中及深入工作时双方均会考虑,因此适当地降低校企合作中的潜在风险也可以减少校企合作的顾虑,从而促成双方合作。

(二)外部环境因素

1. 市场经济环境

市场的广义概念可以理解为一切商品和生产要素交换关系的总和,这是在商品经济条件下生产者与消费者双方为满足自身需求而产生的一种交换方式。

整体的经济发展状态以及经济战略等均属于市场经济环境,校企之间的合作以及合作进程等均在此市场经济环境下进行。从经济学方向进行分析,校企合作属于市场经济环境下的一个微型经济体,通过经济行为以及其发展形势等来作用于市场经济。校企合作的意向以及后期发展、创新研究、科研投入等均需要以经济环境为载体,同时受市场经济的影响与限制。校企合作的目的是获得更多经济收益，因此其合作创新的成果多为技术或者产品、服务等。也正是由于校企合作的目的是经济利益的最大化，所以校企合作适应了我国市场经济发展的需求，两者之间相辅相成、相互促进。当然，校企合作所研究创新的成果最终会作用在市场经济中，因此成果需要经得起市场经济的考验，适应市场经济发展，得到其认可，唯此方有其价值。

市场经济条件下的生产者与消费者之间的需求也从侧面影响着校企合作进程，使得两者之间相互促进，相互作用，合作共享，形成更加强大的科研创新力量，推动市场经济的发展。一方面，社会发展迅速，经济技术等日新月异。在这个以知识为主的年代，科学技术更新得非常快，新产品层层推出。经济体想要发展，则需要有坚实的经济基础为后盾，而想要跟上时代的脚步，除拥有经济预见性外还需要不断地创新，拥有更为先进的技术，方可在市场经济环境中脱颖而出。也只有这样，经济体方可在后期拥有更大的生存空间，进而寻求发展。另一方面，自我国改革开放以来，随着经济的快速发展，社会以及公众的需求在逐渐增加，企业以及人才培养基地的学校都有一定的责任去创造更多的物质资源以及精神资源。双方作为个体，单独进行发展，无法满足公众需求，因此双方合作不仅变成了必然，也是促进经济发展的基石。学校与企业虽然存在较大差异，但是均作用于经济环境，各自之间的竞争也很激烈，因此双方合作可以提升各自的竞争力，增加发展机会。为了适应市场经济环境，获得更多生存空间，提高自身利益，学校与企业均需要时刻关注经济变动，了解目前的公众需求以及未来公众需求的发展方向。其中，校企合作的意向与进程等基本取决于当下公众的需求，其中大多是运用已有的技术加以创新，增加自身发展机会。不管是企业还是学校，长期发展是其必然选择，因此双方均非常重视公众的未来需求。综上所述，校企双方想要获得更大的经济效益并长期发展，就需要时刻关注市场经济环境下的公众需求，有意识地寻求其发展方向。

另外，随着社会的发展，各项分工也逐渐细化并且开始深入。对于企业来说，自己单独面临各种经济变化已经相对困难，而将各个环节均考虑到且做得完美更为不切实际。因此，企业在自身发展的基础上需要与外界建立联系，进行合作，扩大自身业务与服务范围，同时将部分非专业事项交由合作伙伴完成，减少自身精力、资源的投入，从而引进更多适应企业发展的技术，对其进行创新、吸收、完善，增加自身发展机会。对于企业而言，学校有独特的优势，与学校进行合作不但可以补齐自己的短板，而且两者相互协作，形成优势互补，可提升经济效益，适应市场经济变化。

2. 社会环境

社会环境的主要内容包含的方面较多，比如社会结构、生活方式、文化、道德、价值观等。其中社会环境中的文化环境则是对企业与市场的未来影响最为深远的因素，且较为复杂多变，是我国以及各地区整体发展的载体。换言之，文化程度的高低在一定程度上决定着发展水平的高低。因此，本书所指的社会环境一般是指文化环境。

受教育水平高低对于校企合作影响也较多，比如双方合作的模式、水平、途径以及合作目的等。每个人均有其特定的价值观，即对生活中各项事物的看法与理解、评价与态度等均存在一定差异。不同社会环境中的人，其价值观也存在差异性。每一个人的价值观是在其所处社会文化环境中逐渐形成的，既受所处环境的影响，最终又作用于环境，同时还会影响外界的社会文化环境。整体社会文化环境的变化又进一步对社会经济以及学术等产生影响，逐渐循环形成社会规则，影响着整体市场经济的发展。

人口因素也影响着社会文化环境。对于中职学校而言，人口因素影响着其发展结构及专业构成，从而影响社会结构。学校的位置及规模受人口、地域的影响，整体受教育程度又作用于本地区的人力资源，影响着经济产业结构。人口数量以及家庭环境等因素的变化则影响着消费程度以及产品生产等。

行为方式指的是人们的生活方式以及时尚方向。整体文化的发展以及各地域之间不断的交流融合逐渐使文化向多元化发展，同时随着文化的发展与开放，人们的需求也在逐渐提升。校企合作均需要研究分析这些变化，因为这既是挑战也是发展机遇。文化传承是一种社会习惯，这种社会习惯是各个国家及民族经过长期的历史演变逐渐形成的，直接作用于本地域的文化环境，影响着市场经济的发展，如中国传统节日春节、中秋节等，均存在商机，影响着经济发展，国外也有相应的节日，如圣诞节等。

社会在不断地发展，因此社会具有一定的流动性，人口规模、社会阶层等之间存在一定转换，经济利益也在不断地流转，不同阶段校企合作的形式及未来规划也不同。例如，学校与企业对员工的评价多侧重于工资数量、科研创新数量和发表论文篇数等。对于消费者来说则侧重于作用的结果，比如质量、学习效果、就业比例等。消费者的心理在一定程度上影响着校企合作的方向，如消费者喜欢怎样的产品，则在研究创新的时候侧重于此种商品，消费者的品位、追求、活动等均会对合作战略产生影响。因此，校企合作目标的制定需要考虑社会各个阶层人群的需求，了解消费者心理。

3. 科学技术环境

科学技术是伴随着生产力变化而变化的，可以说，在社会生产力中科学技术是最活跃的。对于整体社会经济来说，创新技术与高科技的发展不仅仅影响着个体发展，同时对整个国家以至整个世界的发展均有影响。社会发展与经济发展反作用于技术发展，彼此之间相互影响，相互促进。科学技术是驱动科技发展的主要动力。现如今，随着改革开放的深入，经济快速发展，任何高新技术的崛起均影响着整体的科技发展趋势。对于企业来说，高新技术的崛起是发展机遇，也是新的挑战，各企业需要紧跟时代发展的步伐，大力发展高新技术，关注各行各业的发展及整体的经济趋势，在自身科技水平下不断创新突破。企业的创新发展方向非常广阔，比如新产品、新设备、新工艺、新服务、新管理、新方法等。对于学校而言，创新是先进技术研究发展的基础，因此只有不断培养出更多的专业化人才，方可适应社会经济对人才的需求，让更多专业人士投入创新研究中去。

另外，科学技术不仅影响着学校内部的各项发展，比如教育教学模式、科研创新方向等，同时还影响着其文化环境。学校的文化环境受整体社会环境的影响，且二者之间相互作用，直接影响着学校未来的发展。近年来，互联网的快速发展加快了科学技术的传播与变化，其快速传播特性在很大程度上减少了各方交流的时间，打破了时间与空间的限制，使得各项技术广为传播。各学校与企业均可利用相应的技术来进行创新，以增加其竞争优势，促进发展。在此种经济大环境下，寻求突破和发展成为企业与学校共同的目标，校企合作在满足双方需求的同时可以加快技术创新，实现资源共享。在科学技术的不断推动之下，校企合作是必然的趋势。企业与学校通过资源共享，共同创新研发出新的产品及技术，在增加其竞争力的同时又能推动社会经济的发展，而社会经济的发展又反作用于校企双方，逐渐形成良性循环。这个模式可以叫作"技术规划-技术创新-技术应用"模式，简单来说便是当新技术有一定的规划并形成规模以后，相应的创新研究便会增多，从而产生更多的新工艺、新技术，最后这些新工艺、新技术应用于市场，促进社会经济发展。

科学技术其实也属于一种诱导因素，企业需要科学技术促进其发展，学校则需要相应的科学技术成果。科学技术在一定程度上影响着创新趋势与校企合作进程。基于以上原因，可以看出：第一，科学技术的发展可促使企业与学校加强对市场与消费者之间关系的了解，分析其各项需求以及能力；第二，新型技术的出现可直接增加各相关行业的服务需求及校企合作范围，同时也可增加企业的业务范围，进而增加经济收益；第三，技术进步有利于更新各相关生产方式方法，减少企业生产成本，提升其产品质量，提升其行业竞争力；第四，技术的更新往往基于消费者需求，面对新产品新工艺，原有的产品则会被淘汰，可以从侧面促使消费者购买新产品，增加产品需求量；第五，新技术的出现可增强各校企的危机意识，使其投入更多的资源到研发创新中，促进我国可持续发展。环境因素对校企合作的影响相对来说较为深远，社会环境既可以直接作用于校企合作来影响其进程，又可以通过间接作用于其他因素影响双方合作。科学技术环境则主要由两方面构成，分别是科技知识和技术水平，科技知识的发展侧面代表着我国科学技术的发展。

科学技术环境影响校企合作，其影响主要表现在以下两方面：第一，技术创新诱导并推动校企合作的产生；第二，落后的科学技术环境在一定程度上阻碍校企合作的进程。经济、政治环境等因素同样存在正反两方面的影响，既可以是推动力，也可能是绊脚石。综上所述，校企合作受各个方面的影响与制约。

（三）合作机制内部规制

合作机制需要校企合作双方主动去建立合作意向，确定合作方向、合作流程等各个细节和标准，这样在校企合作时，各项研发与管理机制等方可顺利进行，企业与学校这两个不同的个体方可有相同的目标，并遵循一定规范与流程去实现各项资源合理化应用，逐步完成目标。因此，在校企合作进程中，制定相应的规范与标准是其顺利完成合作的要点。

合作机制的内部规制职能有五个方面：第一，资源配置职能。校企合作时资源有限，需要按照一定的机制进行资源划分，开源节流，提升研发创新效率，让每一份资源发挥其应有的作用；第二，激励职能，内部管理以及进程评价等均可根据机制来实施，在优化管理的同时还可激发其工作积极性；第三，控制潜在风险的职能，校企合作存在一定潜在风险，通过内部机制监督，掐断风险源头，可有效防止风险产生；第四，构建合作秩序职能，可以让机制中的个体相互协作、相互信任、相互扶持，促进创新发展；第五，统一标准的职能，即将各项管理制度、业务流程、资源运用等进行规范，达成一致意见，使得在合作过程中有特定的判断标准。合作机制的上述职能可将校企合作发挥到极致，保证校企合作的顺利进行，为社会创造更多新技术、新工艺。综上所述，在校企合作过程中，合作机制必不可少。

三、影响产教融合的机构因素

（一）上级主管部门

上级主管部门对产教融合产生了重要的影响，这是因为上级主管部门在校企合作中扮演着十分重要的角色。在校企合作中，上级主管部门不仅需要负责有关融合、发展理念的制定，还需要起到监督、管理作用。上级主管部门所制定的一系列政策对于学校的教学开展具有重要意义。产业与教学的融合离不开上级主管部门的付出，上级主管部门只有不断改进人才培养计划，鼓励学生敢于创新、超越自我，校企合作才能够实现可持续发展。因此，上级主管部门对于校企合作尤为重要，其工作效果直接会影响校企合作的进程。除此之外，上级主管部门的发展状况、社会地位对合作的成功率也起着决定性作用。

（二）中介机构

校企合作并不是教学与企业之间自然产生的，而是通过一系列中介机构才建立联系的。校企双方秉持自愿、互利、互惠的原则在中介机构的帮助下建立连接、共同进步。但值得一提的是，校企合作必然会遇到担保、调解等问题，而这些问题的解决还要依赖于中介机构，因此中介机构对于产教融合也起着决定性作用。

中介机构实质上就是企业与学校之间沟通交流的桥梁，可以为产业或学校提供相应的沟通服务，解决二者所存在的一系列问题。就当前形势而言，中介机构已经逐步趋于专业化、成熟化，是建立校企合作过程中必不可少的机构之一，主要包括金融、科技两大类机构，具体如下：

1. 金融中介机构

金融中介机构所涉及的服务均与金融息息相关。金融中介机构是金融体系的重要组成部分，在金融体系中占据重要地位。对于校企合作而言，金融中介机构主要是提供各种金融服务和从事融资活动的机构，由于校企合作通常是以科技信贷为由向国家、政府寻求帮助，且科技投资的收益十分可观，所以科技投资备受众多投资者的青睐与认可。

2. 科技中介机构

除了金融机构外，另一大中介机构是科技中介机构。科技中介机构是为科技创新主体提供评估、决策、咨询等服务的机构，实质上属于服务机构的范畴。科技中介机构与其他普通服务机构最大的不同就在于，科技中介机构由国家资助并且主要面向校企合作提供一系列优质服务，其主要目的是促进校企合作长远发展。总而言之，校企合作的发展离不开科技中介机构的支持。科技中介机构提供的支持与服务主要分为三类：①科技中介机构提供一系列的服务支持，在校企合作的过程中，科技创新扮演着十分重要的角色，科技中介机构通过各种方式，对校企合作提供有关科技创新的服务。②科技中介机构对校企合作中的创新技术进行评估，并为之提供咨询服务，因为科技中介机构具有市场优势，能够基于大数据分析整合众多信息，最终为校企合作提供咨询服务。③科技中介机构为校企合作提供中介服务。在校企合作中，学校与企业的对接工作需要依赖中介机构来完成，而科技中介机构就是为解决科技资源配置、人才分配、市场流通等方面的问题而成立的中介机构。综上所述，科技中介机构在校企合作中扮演着沟通纽带的角色，为学校与企业的沟通合作搭建了良好的平台，为二者今后的发展奠定了坚实的基础，有助于校企合作平稳、快速发展。

第三节　产教融合背景下应用型课程体系建设

一、产教融合背景下应用型课程体系建设的思路

（一）产教融合内生动力的核心是应用型课程

随着社会经济的发展，产教融合已经成为一种趋势。对于政府、学校、企业来说，这是一种快速促进生产力的形式。因此，国家出台了一系列政策，为产教融合改革打下了坚实的基础。例如，2019 年，经中央深改委会议审议通过，国家发展改革委等 6 部门联合印发了《国家产教融合建设试点实施方案》，此方案中主要提出产教融合的重要性，认为产教融合是教育发展、人才培养、产业创新的连接点，有着非常重要的作用。目前，在政府的大力支持下，学校与企业之间的产教融合已经基本成型并初见成效，但是在经济全球化的背景下，产教融合还需要不断发展。

产教融合内生力是学校转型的关键。产业的发展离不开中职学校人才的输出，中职学校需要通过教育为社会及企业培养众多应用型人才，而教育的发展也离不开企业对人才的需求，二者之间相辅相成，共同提升我国经济实力。基于此

种原因，产教融合是我国学校与企业必须要走的道路。产教融合与产业融合存在很大差别，产教融合针对的是职业学院的学生，学校通过与企业合作培养应用型人才，其中包含多方面内容的对接，比如专业与产业之间的对接、课程内容与职业实践的对接、教学过程与实际生产过程的对接等。

应用型课程的目标主要是培养学生的适用性与迁移性，通过将学科知识体系与实践活动相结合来增强学生的应用能力与职业素养，同时改进学校的教育方式以促进我国教育的发展。所谓应用型既不是专业课时的简单叠加，也不是仅仅加入实践课程就可以的，而是需要将教材、教学以及课程体系等进行系统的改进，使其与实际情况相结合，在实践的基础上增强学生的职业能力与应用能力。产教融合发展，需要通过应用型课程来逐步实现。在确立应用型课程目标时，应以实践为基础，在符合学生发展需求的同时也要考虑社会需求，因此，在培养学生技术知识的同时，还需要增强学生的实践能力，使其进入社会后可以快速适应岗位工作。课程内容的设置需要以学生职业发展为基础，通过实践活动的实施实现学生课程知识与职业技能的融合。实践活动的实施还可以增强学生解决问题的能力，培养学生的知识构建能力与管理能力等。

（二）产教融合应用型课程体系是全方位课程改革

当前，我国在产教融合方面的政策较多，我们需要重新审视应用型人才的作用，建设应用型课程体系。

第一，从系统论角度来分析中职学校课程，其课程系统主要由两个维度构成，分别是共时态与历时态。我们可将共时态课程系统看作一种空间立体结构的课程系统，其包含四个要素，分别是课程研究者、课程学习者、课程内容与课程环境。而历时态课程系统则属于时间动态系统，包含各种要素，比如教育目标、教育内容、组织结构以及考核评价等。因此，在建设应用型课程时，不仅要考虑课程的内容，还要考虑整体的课程系统。

第二，构建开放的大课程观。应用型课程体系不是课堂知识与实践的简单结合，而是将学校、企业、社会有机结合而建立起来的课程内部系统。产教融合需要充分开发课程资源，整合课程内容，让整体知识体系与生活实践相联系，与社会需求接轨，密切课程与职业岗位之间的联系。大课程观下的课程体系建设需要进行全方位的整合与改革。

第三，坚持以学习为本。学校的本职是教育学生，学生的本职是学习。开设应用型课程或者个性化课堂的目的是为了提升学生的发展空间，增强学生的认知与修养，学生需要充分利用网络资源与移动设备等提升自身能力。学校也要积极开发移动学习课程，满足学生的学习需求。

二、产教融合背景下应用型课程体系建设的实施

职业教育为我国经济社会发展培养了大批高素质技术技能人才，并备受社会关注，因此研究职业教育具有重要的理论意义与实践价值。"产教融合"是职业教育发展的基本规律与有效路径。职业教育发展的关键在于课程建设，而应用型课程主要致力于培养面向生产、建设、管理和服务一线的高素质技术技能人才。产教融合背景下应用型课程的实施有以下五点内容：

（一）加快产教深化融合

应用型课程产生的主要动力是产业发展的实际需求。深化产教融合可以有效促进整体教育链、人才链、产业链与创新链的衔接，加快专业性人才培养模式的变革，真正使应用型课程建设落到实处。

（二）促进教学主体团队化

教师是课程建设的主体，因此建立一支符合相当标准的教学团队十分必要。但这支教学团队的建立，对于教师的要求也更加严苛。应用型课程需要教师具备相当丰富的企业实践经验与专业的学科知识。与此同时，由于应用型课程的典型特征需要被真正运用到实践中，因此要求教师也应该具备工匠精神与爱岗敬业精神，以及与实际需求相当的教学与科研能力。而身为教师，良好的责任感与合作意识，以及对自身职业的坚守，亦不可或缺。除了教师本身外，教师团队的整体年龄与职称的构建也要合理。

在推进课程整体建设时，"双师型"教师团队至关重要。教师作为课程的设计者与实施者，对能否达成课程目标有着直接的影响。应用型课程的建设，需要既精通教学规律又熟悉企业生产实际的"双师型"教学团体。"双师型"队伍的建设需要内外有机结合：对外采取"外引"，加强人才引进，但同时要符合招聘原则，除了一些特殊高技能人才可以适当放宽学历要求外，其他都要遵循严格标准；对内则要"内培"，如与企业结合，将一些专业教师送进企业实践，加快学校自身"双师型"教师的培养。

（三）促进教学方法多样化

应用型课程建设本身就是为了适应社会经济发展，满足企业需求，培养出高素质技术人才。在教育教学中，学生是主体，教师是教学活动的组织者，在应用型课程的教学中也不例外。教师根据教学目标制定教学内容、选取教学模式，并通过与慕课、翻转课堂等现代化的教学手段有机结合，加强与学生的互动，使学生能够独立地获取专业知识，真正具备自主学习能力，从而掌握职业技能，建构起自己的认知体系。

（四）教学场所转向灵活机动

应用型课程更多是为了培养出符合企业需求的人才，因此成为跨越职场与学校的跨界教育课程。如此一来，教学场所也可以适当变更。"工作课程任务化，教学任务工作化"成为应用型课程的独特设计。教师可以按照实际教学需求，将理论的传授集中在普通教室，实践的进行则可以放在实验室、实训中心包括理实一体化教室在内的教学场所，而将企业文化与职业素养作为教学内容时，教学场所则可以设置在车间、厂房、工地等，加强学生体验感。进入顶岗实习阶段，学生将彻底投身于企业生产生活中。产教融合、协同育人的职业教育机制，为应用型课程的发生发展提供了多元化的场所。

（五）促进教学评价的多元化

教学评价，是对教师整体教学活动及学生学习效果的价值判断。课程评价作为教学的重要环节，是对整体课程，包括教师教学质量与学生学习效果的判断评估，是推进课程建设的有效监督环节。应用型课程使教学评价更加多元化，主要体现在四个方面：①评价主体多元化，评价主体除了教师与学生外，还涵盖学校管理人员、合作企业及第三方的评价机构等；②评价要素多元化，评价要素除了教师教学成果与学生学习技能收获外，还涉及职业道德、职业素养及其他能力等；③评价节点多元化，不再局限于期中期末两个节点的测评，还包括对教师教学过程的评价等；④评价方式多元化，评价方式更加多样，除去书面与口头形式，还涵盖活动形式、课堂观察与课后访谈等形式。

学校将应用型课程的教学评价，纳入学校整个评价体系中，使整个教学评价机制更加完善，促使学校、企业研究机构与其他社会组织等共同参与到评价中来，这样可对应用型课程的课程标准、教资教材和实验设备，以及课程实施过程、课程实施结果等，进行更加客观公正的评价。

综上所述，应用型课程已经逐渐成为教育改革的核心内容和产教融合实施的落脚点，并且应用型课程的发展对职业学校教学水平的提升与专业型人才的培养起着至关重要的作用。

三、产教融合背景下应用型课程体系建设的实践

（一）产教融合背景下嵌入式应用型课程体系构建

课程体系是学校教育的基础，教学事业想要得到更好地发展，产教融合是趋势，只有将企业实践与教学课程相结合，开展嵌入式教学才能完善应用型课程体系。

1. 产教融合背景下嵌入式应用型课程体系的现状

社会在逐步发展，为满足社会及企业需求，学校对教育教学体系需要不断进行改革，以适应社会发展趋势，提升教学效率，培养出更多满足社会需求的应用型人才。当然，若学校想要改革，则必然需要面临种种挑战，克服相应困难，比如，教学改革并不是单单改变教学方式及教学理念，对应的教学知识体系与科目等均需要有所改动，但是很多学校并没有意识到这一点，从而导致教学改革效率降低。另外，课程建设也会出现一系列问题，比如很多课程的科目较多，在实际操作过程中很多课程科目与实际情况并不吻合，知识体系的繁杂使实践课程无法很好进行，导致学校学生不能全面发展能力。同时，由于产教融合不当，致使在实际教学中教学内容与人才培养方向偏离，关联度、适合性均相对较差，因此，目前的课程体系并不能快速提升教育教学质量。

另外，学校在改革课程体系时，改革的方式及进程等可能会偏离实际，因此，目前教育部门及学校和相关专家等将课程体系改革列入重点研究内容，确保学校的课程体系在改革过程中目标明确，不偏离方向，达到预期的改革效果。当前，对社会需求及学生学习要求的了解大多通过学校及校企合作完成，但是在此过程中从不同角度分析教学课程均存在差异性，例如，学校着重于教育，强调的是教育教学质量，而企业则更注重自身的发展与利益等，两者之间的协同性较差，从而降低了合作成效。

2. 产教融合背景下嵌入式应用型课程体系构建策略

（1）落实产教融合

为了建立更加合适的嵌入式应用型课程体系，各相关部门及专业人员应将其

重视起来，只有这样才可保证整个课程体系的改革顺利进行。当然，各相关部门重视是嵌入式应用课程建立的基础，后期通过各项课程之间的协调融合，可快速提升教学效率，提高教育教学质量。

另外，任何课程体系的目标均是培养人才，嵌入式应用型课程体系也不例外，但其更多的是侧重于培养应用型人才。因此，在产教融合的背景下，想要将整体课程体系建立起来，就需要各专业教师在提升教学质量的同时，学生也要提升自己的自主学习能力及实践技能等。只有这样，才符合产教融合背景下的人才培养目标，同时也是嵌入式应用型课程体系建立的基本要求。

（2）构建课程体系

提升学校的基础教育教学效率与质量是产教融合背景下嵌入式应用型课程构建的基本。当然，完善通识教育课程可以为学校专业课程的开展打下基础，使得学生在学习的过程中可以更好地理解相关专业词汇及知识体系。通识教育课程是专业基础课程构建的基石，是中职学校的必修课程，通过对此课程的学习，学生可以对课程及专业有更多了解。此课程的教学分为理论课教学、系统性教学、课堂教学、逻辑教学等。专业基础课程可以为学生整个知识体系的学习打下坚实的基础，更有利于后期核心课程的教学。专业核心课程属于中职学校专业教学的主干科目，在很大程度上表现出了中职学校自身的教育观，因此在相关课程教学时，需要与整个专业的课程体系融合。比如，在践行专业基础课程教学时，可以穿插一些专业核心知识，让学生先对其进行了解，方便后期核心知识体系的学习。

同时，在通识教育课程及专业基础课程中融合核心知识，可在很大程度上增强学生对基础知识的了解与掌握，为后期学习打下坚实的基础。同时，各项知识点与专业体系的融合可以增加整个课程体系的联系性，增强学生的整体课程观，提升学习效率。完成专业核心课程学习并不是终点，后期还需要通过实际操作来增加学生的实践能力，强化学生掌握的知识。提升学生的实践能力离不开产业应用技术课程，此课程更多的是要求学生将所学的专业知识与实践操作相结合，通过理论与技术的相互融合，提升学生的实践能力，同时让学生对知识体系理解得更加深刻，激发学生的创新能力，全面提升学生的素质。产业应用技术课程可以分为校内、企业两方面的课程，这是根据实际操作地点来划分的。在实际课程进程中可以根据学校管理和学生专业情况及社会企业的需求来选择其中一方面课程或交替进行，校内项目制课程多为教师指导，校外项目制课程更侧重于实践操作，大多在企业内部进行，两者相融合可以为社会及企业培养更多人才，促进我国科技发展。

另外，毕业实践设计是学生在学校的最后课程，每位学生均需要完成此实践设计。毕业实践设计的目的主要是让学生通过实习来了解社会需求，完成从学校到社会的过渡，完善自身素质，全方位提升自身技能，最后根据实习情况以及职位要求等进行汇总研究，并融合学校的学习进行总结，完成毕业论文。

（3）完善课程体系

想要提升产教融合背景下的嵌入式应用型课程的教学质量，中职学校就需要建立适合学生实践发展的环境，比如，教育部门及学校制定相应的制度保证各项拓展活动的实施，如培训、讲座等，同时需要增加教师与学生之间的互动，建立相应的实践教学情境，提升学生的学习主动性，增强学习效率，全面提升学生的素质。当然，为了确保嵌入式应用型课程可以持续为社会及企业提供实践技能人才，校校联合、校企合作必不可少。目前，很多中职学校将教育教学的侧重点逐渐转移到对社会的认知以及时代发展方向上，更加注重培养技能型人才，让学生了解经济发展趋势及社会需求，以适应新时代的发展。

综上所述，嵌入式应用型课程体系构建在产教融合背景下被提出并实施具有重要作用，不仅可以将专业知识体系与实践相结合，增强学生学习兴趣，拓展教学内容，还可以通过实践课程与毕业实习来增加学生对职业及岗位的了解，让学生快速融入社会，满足社会及企业对于应用型人才的需求，促进产教融合。

（二）产教融合背景下现代学徒制应用型课程体系构建

随着校企合作的不断深入，"校企共同体"模式初步形成，符合区域经济发展的现代学徒制人才培养模式是"校企共同体"下的必然产物，必然推动中职学校重构符合现代学徒制人才培养模式需求的课程体系。纵观现代中职学校的课程体系，依然是学科式的课程体系，理论知识和实践技能相对独立，岗位职业素质能力要求没有融入其中，缺少基于职业岗位开发的课程。因此，中职学校必须探索职业教育发展规律，改变育人观念，构建符合现代学徒制人才培养模式的课程系统，这对推动中职学校教学改革和提高人才培养质量具有重要的意义。

1. 产教融合背景下现代学徒制课程体系的价值取向

（1）便于中职学校对人才的培养

现代学徒制课程体系能改变中职学校教师的教学模式。教师根据现代学徒制课程内容可以采用生产性教学、职业岗位模拟教学及岗位任务教学等方法，使理论知识、实践技能和生产情境充分融合，真正达到"学做"一体，充分培养学生的综合职业岗位素质，更加激发学生的学习兴趣，改变学校学生"听不懂、不会做"的现象。中职学校应充分利用行业企业的优势资源，弥补校内教学资源的短板，优化课程内容，合理分配校内教学资源，促进人才培养质量的提高。

（2）有利于中职学校"双师型"教学团队的建设

现代学徒制课程体系打破了传统的学科体系，是基于职业岗位而开发的课程体系，充分体现了知识的先进性和实用性。中职学校的教师借助"现代学徒制课程体系建设"平台，可接触到行业企业的前沿技术和行业专家，并且在与行业企业技术专家共同开发和优化课程的过程中，可补充先进的专业理论知识，提升实践技能，填补职业素养知识，最终把自己培养成既懂理论知识、实践技能、职业素养知识，又懂课程开发和课程优化的"双师型"教师。

2. 产教融合背景下现代学徒制课程体系构建方案

（1）产教融合背景下现代学徒制课程体系的构成

第一，专用课程模块。职业岗位专用课程是中职学校现代学徒制课程体系的核心部分，包括专业课程和职业岗位拓展课程两部分。专业课程包括专业理论课程和专业实践课程，专业课程主要培养学生掌握本专业的理论知识和实践技能操作。职业岗位拓展课程是依据本专业课程开发的与之相邻或相近的职业岗位课程，课程的内容具有扩展性，主要帮助学生提升专业能力和扩展专业思维。

第二，通用课程模块。职业岗位通用课程包括文化基础课程和专业基础课程两部分。文化基础课程包括通识课程，课程的开发及教学安排应按照教育部有关文件的规定执行，在这里不做进一步的论述。通识课程主要培养学生的人文素养，为学生学习专业课程做好铺垫。专业基础课程包括专业大类的各专业通用基础课程，每个专业所具备的专业基础课程，主要培养学生掌握专业基础理论知识和基本技能认知操作。

第三，素养课程模块。职业岗位素养课程是培养学生立德树人的根本，也是学习专业课程的前提。职业岗位素养课程包括职业道德、人文素养、传统礼仪、企业文化、企业精神及企业管理等，主要培养学生的责任意识和担当意识，帮助学生树立正确的学习态度和养成良好的生活习惯。

（2）产教融合背景下现代学徒制课程体系的建设路径

第一，政府层面。政策的支持和资金的投入是现代学徒制课程体系建设研究的基础。政府要充分发挥主导作用，采取惠利政策和激励措施，充分调动行业企业参与现代学徒制课程体系建设的积极性和主动性。对于参与课程体系建设和课程开发有突出贡献的行业企业,政府要授予其"育人工程单位"荣誉称号,并在税收方面给予优惠政策。

第二,学校层面。现代学徒制课程体系的建设以校企共同体为基础。例如,山东××职业技术学院(以下简称"劳职院")以数控技术专业为试点与青岛××集团(以下简称"××集团")联合进行现代学徒制人才培养,劳职院打破传统学科体系的束缚,利用数控技术专业的"双师型"骨干教师与××集团的技术专家共同组建现代学徒制人才培养教学团队,共同探索现代学徒制课程体系的建设。劳职院与××集团以职业岗位为根本,共同建立"三位一体"的职业岗位课程体系,分别开发了职业岗位通用课程、职业岗位专用课程和职业岗位素养课程。

第三,行业企业层面。××集团针对现代学徒制课程体系的建设和课程开发,对劳职院实行"三开放"和"三对接"的原则。在企业的零件加工、生产设备和企业管理文化三方面实行开放和共享,分别与学校的实训课题、实训设备和职业素养课程实现无缝对接,从而实现工作内容和课程内容对接、工作环境与学习情境对接、工作目标和学习理念对接,使学生从二维学习模式转变成三维学习模式,学习目标更加明确,学习思路更加清晰。

综上所述,现代学徒制课程体系的建设和课程开发是校企合作育人模式的基础,是校企合作(现代学徒制)育人的重要部分。现代学徒制是中职学校新的人才培养模式,对提高人才培养质量和满足行业企业对人才的需求具有重要的意义。

(三)产教融合背景下应用型人才培养课程体系构建

1. "双师"交流

(1)"双师"交流的主要内容

1)教学交流

第一,教学实训基地。当校企合作需要建立教学实训基地时,企业应协助学校一起设计建设方案,并提供一定资源支持。需要注意的是,教学实训基地的建设要以培养高素质的技术应用型人才为目标,通过校企合作促进学校专业的快速发展。

第二,实习实训指导。学校应该与合作企业共同制订合作方案,签订协议,并根据方案内容开展合作计划。合作计划中应该包含参与培训的学生人数、涉及的专业、开展实习培训的时间、实习的主要培训内容、实习活动的负责人等信息。

方案经过双方确认后，可以有效实行。在实习过程中，学校应该指派实习负责老师指导学生，保证学生遵守纪律和规定；企业应该指派技术出色的工程师带领学生实际操作，培养学生的动手能力。

第三，学校和企业共同开发课程、编写教材。企业可以派出技术一流的工匠指导学生的实习过程，灵活地为学生安排教学内容、设置教学时间，与学校的理论教师共同安排课程内容，为学生技术培训做出有效指导，还可以指派工匠进行到校培训。与此同时，学校也可以指派教师到企业参观学习，丰富自身的实践经验，承担企业的项目研发工作，帮助企业创新技术、改造产品，做好企业员工的理论技能培训工作。

2）师资交流

第一，学校教师深入企业。教师可以走入企业学习实践技能、累积经验，掌握先进的知识与技术、工艺与方法，从多个方面、多个角度提升自身的能力和素养。学校可以根据具体情况安排一定数量的教师到企业展开定期学习，应该优先安排没有实践工作经验的教师到相关企业展开学习，并带领学生观看实际操作过程，学习各种技能。教师应该注重通过学习的方式加深与企业的关联，同时提升自己的能力。具有丰富的实践操作经验的教师可以深入企业帮助企业研发项目、创新技术。

学校也应定期走访和检查教师在企业的工作和学习情况。检查方面包括教师是否在岗、教师的工作内容、教师的工作纪律以及教师的工作效果。教师在实践培训之后需要填写教师进企业学习的考核表，要在表格中总结实践经验，并应附加在企业学习实践的证明材料，比如，在实习期间完成的课题研究、课题报告或课题论文，在企业中获得的有助于教学开展的案例材料或与企业共同设计研发的培训资料，为企业员工实行的指导咨询，帮助企业解决的实际问题，与企业共同创新的基础项目，以及从企业接受的设备资源、资金支持等。学校的各个相关部门应对教师进入企业学习的情况进行综合的考核与评定，如果出现以下状况，那么教师的考核将被视为不合格：一是教师未经请假无故缺岗；二是教师在实践的过程当中没有遵守学校及企业的规章制度，对企业造成了恶劣的影响，严重损害了学校形象。

在教师结束实践返回学校后，学校内部应该举办教师学习成果交流会，通过汇报自己的实践成果、心得体会促进教师之间的交流。与此同时，在交流会上也应该对教师的情况给予评定：优秀的教师可以按照对学校的贡献给予相应的奖励；对于成绩不合格的教师，不给予奖励或扣除相应的绩效。对在寒假或者暑假期间到企业开展实践培训的教师可以给予加班补助，对在寒暑假期间参加实践培训成绩不合格的教师可以直接减少或者取消其补助。

第二，企业的技术专家走进学校。技术专家是作为学校的兼职教师为学生讲授实践操作技能与技术运用知识的。一般情况下，企业的技术专家承担的是学生实训课的教学任务，学校也应该安排专职教师和企业的技术专家开展交流会，尤其是在与学校实践课程相关的内容方面要多和企业技术专家进行交流。比如说，实践课程的内容安排、实践教室的建立等，听取企业技术专家的建议有助于顺利开展实践教学活动。除此之外，学校也可以安排专职教师和企业兼职教师互相帮扶，形成组合，取长补短。

企业的技术专家在学校任职的任职条件。首先，要具备良好的品德，有爱岗敬业的精神且具备一定的教学经验，能够掌握教学方法。其次，在学历方面应该具有本科学历或中级以上技术职称；在专业知识水平方面应该能够指导课程的开展或者学生论文的设计；在某些实践性较强的专业可以适当放宽任职条件，但是必须具备专业认证资格证书或有高级以上的技能岗位职称，如果具备三年以上的相关专业工作经历也可以；此外，任职教师应该身体健康、爱岗敬业。

企业的技术专家在学校任职的相关管理。兼职教师由所在学校的教务处、人事处统一负责。首先，学校按照兼职教师的管理要求建立教师档案，将所有的教师档案整合汇总到学校的人事处，由人事处统一建立兼职教师的档案库；其次，兼职教师日常的工作管理由学校负责，学校应该每学期定期举办兼职教师交流会议，向兼职教师传达学校的具体管理条例，了解兼职教师的工作情况，总结兼职教师的工作内容；再次，兼职教师的教学质量由学校的督导处负责，兼职教师的工作量由教务处负责，而且督导处还应该负责检查兼职教师的授课情况、课程设计情况、作业批改情况；最后，如果学生强烈反应某位兼职教师教学效果不好或存在违规违纪的状况，那么学校应该经过调查研究后给予解聘。

外聘兼职教师的职责。教学工作内容包括上课、辅导、批改作业、出试卷、批改试卷、评定成绩、试卷材料归档等。兼职教师的职责主要包括：按学校的教学计划、课程标准等教学文件进行讲义的组织和教案的制订，按行动导向、学生主体的要求实施教学，必须备有所教课程的教案，以保证教学质量；在学期第一周填写授课进度计划表并经各院（部）审核后交教务处存档备查；严格按照课程表讲课，未经聘任学校教务处批准，不准擅自调课、停课或更换教师；因事因病请假，复课后必须及时补课；认真进行课程辅导，作业批改；参加所授课程试卷的出题、监考、评卷等工作；在每学期课程考试结束后，按学校要求及时录入和送交学生成绩，并按照学校对试卷相关材料的要求，提供相应材料；参加学校组织的集体教研活动，且每学期参加教研活动的次数不少于4次，并对学校的各项工作提出合理化建议，共同搞好教学活动。

3）技术交流

校企双方通过合作开展不同类型、层次的项目，并可以利用现代媒体发表合作研究的成果。校企合作通过技术交流综合各自的优势资源，在满足区域经济发展和区域需求的基础上，构建友好交流及双向服务平台，通过整合教学资源、专家技术、教学场地以及教学设备，在项目中发挥出各自的优势，研制出高水平、高技能、具备创新性的技术。与此同时，还应积极争取政府的相关支持政策，通过合作带动地方经济。学校和企业双方可以通过技术交流会议、行业交流会议等渠道介绍对方，扩大彼此的影响力。

4）文化交流

学校与企业合作举办多样化的活动（校企合作交流会、企业文化活动、企业调研活动、创业大赛、创业成果展示等），为在校学生推介校企合作项目。这些活动可邀请政府部门、媒体、企业家、专家教授等前来参加。

（2）"双师"交流的组织实施

在校企合作过程当中，各个学院应该和企业之间成立"双师"工作小组。该工作小组主要负责学校和企业之间的日常联络，小组成员由学校和企业各派出一到两名工作人员组成。一般情况下，"双师"工作小组应该保持一学期至少交流三次，而且要做好交流会议的记录。学校应该负责检查各个专业的平时交流情况，再由学校的人事处检查各个专业的"双师"交流情况。除此之外，学校还应该定期到企业展开走访交流，了解企业的发展状况与需求，与此同时也了解企业自身的人才需求，及时为企业提供人才培训。

2. 校企实训基地共建

（1）校内实践教学基地

在校企合作过程中，企业应根据生产要求，为生产车间的建设，原材料和加工产品的销售提供标准。学校应根据企业提出的要求提供满足企业要求的环境、合适的地理位置和相应的设备，并建立以生产为导向的培训基地和培训工厂。企业管理工厂的生产和运营，指导教师和学生的生产和实践，并招募人员来帮助改善学校的实践课程体系。学校根据生产要求将动手课程整合到教育过程中，并安排学生上校内实践基地——"校中厂"实践。企业根据自身的发展情况提出人才要求，和学校在课程内容上共同开发实践培训课程，并将企业文化、生产技术的要求、生产运营的要求等方面的内容纳入培训内容中。学校必须积极与当地公司进行合作，共同建立实习基地。

1）实训基地建立的原则

建立实训基地的原则是共同建设、共同管理、共享资源和达成双赢。在合作过程中，同时也应该落实校企互动的原则，实训基地是学校师生的实践平台，可以让所学的理论具体化实现，因此学校应该让企业优秀的一线人才来为学生提供指导。双方良好的合作互动对双方都有积极作用，不仅学生能够在这一过程中，提升自己的实践能力，而且企业人才也能得到进一步发展。

2）实训基地的资产管理

"校中厂"资产采购程序参照校内实践教学条件建设相关规定执行，该资产列入学校固定资产，作为校产的一部分来管理。"厂中校"资产采购，由企业负责或双方另行协商处理，该资产不列入学校固定资产，由企业单列"校企合作资产"来管理。"校中厂"资产主要按照以下条款进行管理。

第一，"校中厂"固定资产的日常维护要做好，这是使用单位应该完成的工作。使用单位提出维护和翻新项目，经过有关上级部门批准后，由资产管理部门执行。维护"厂中校"的固定资产是企业的责任，设备改进项目则通过谈判另行处理。

第二，校企合作项目的资产转移到学校并在学校资产管理部门注册。与此同时，还必须对资产管理台账做出更改，以使资产管理台账、卡和材料相互匹配。从原则上来看，不允许将校企项目资产转移出校。若有必要，则应根据设备变更处理相关的设备，按照转移程序依法进行。若是长期转移，则应及时做出注销。

第三，"校中厂"资产处置必须按照学校产品处置的有关规定和程序进行，并提交给供应商备案，同时也必须按照公司资产处置程序执行"校中厂"资产的处置，并提交给学校备案。

3）实训基地的绩效考核

为了推动"校中厂"实训基地健康发展，保证"校中厂"实训基地运行质量，学校每年按照合作协议书和"校中厂"实训基地考核标准对"校中厂"实训基地进行考核。考核结果作为"校中厂"实训基地能否继续运营的依据，也作为是否与原协议人续签的依据（原则上考核结果应不低于70分）。"校中厂"实训基地考核标准如下：

①人才培养（分值20）：按合作协议提供足够的学生实习实训岗位；产教深度融合，落实"两对接"（课程内容与职业标准对接、教学过程与生产过程对接）。

②双师双向（分值20）：专任教师与企业技术人员对接与互通，打造双师结构教学团队。

③教科研（分值20）：构建校企教学研究团队和技术创新团队，共同开发和实施工学结合课程、开展技术研发。

④缴纳费用（分值10）：根据合作协议向学校按时缴纳有关费用。

⑤合法经营（分值10）：生产经营符合相关法律和学校规章制度。

⑥安全生产（分值10）：符合安全生产要求，杜绝生产安全隐患。

⑦现场管理（分值10）。

（2）校外实践教学基地

学校应和企业合作，共同建立可供学生实习的校外实习基地，为学生提供实习机会，使学生今后就业具有优势。学校与企业应深入合作，共同打造"厂中校"。企业应提供培训中心和培训条件，派专业人才对学生进行培训管理。企业根据生产需求建立生产性培训基地，建立内部学校培训室，并使培训室成为可让学生进行实践的生产车间。"厂中校"以企业为主要管理机构，并将其整合到企业的各个流程计划中，企业与学校共同制订学生的培训课程内容，以及学生的实践活动内容。为了使学生的职业技能与企业要求相匹配，那么学生的实习培训环境要与企业生产环境相吻合。

3. 产教融合运行机制

（1）产教融合就业机制

1）就业工作机制

职业教育的办学方针是以服务为宗旨，以就业为导向，因此职业教育需要将学生的就业放在重要位置。产教融合既是实现学校与企业共赢，又是实现职业教育与企业可持续发展的重要途径。学校应认真落实就业工作重心，明确校、院两级工作职责，加强目标管理。企业应提供生产标准，参与人才培养方案的制订，参与课程开发，安排学生顶岗实习，提供就业岗位，反馈毕业生信息，积极与学校开展合作育人、合作办学，提升学生的就业能力和就业质量。

2）就业反馈机制

学校应该对学生的就业情况进行全面调查，除了做好市场需求分析以外，还应该调查好学生的就业意向。学校可通过调查多年来毕业生的工作意愿，就业选择变化，以及回访各专业的毕业生，收集雇主对毕业生的工作满意情况，来形成有参考价值的分析数据。在这其中，对过往毕业生的跟踪调查是非常重要的环节，通过调查他们对于自己毕业后的工作满意情况，学校应该编制关于最近几年毕业生就业质量的报告，然后将其上传到省教育厅就业指导中心。

3）产教融合就业机制的创新

第一，产教融合就业机制创新的问题。

首先，经济基础未协调发展。经济基础既是实现产教融合的职业教育基础，又是倡导课程改革的前提条件。职业教育改革需要强大的资金支持。然而，中等职业学院的经济实力明显不足，资金方面存在压力，因此职业教育实现产教融合有一定困难。在发展过程中，很难实现企业经济与职业教育的融合，并达到有机统一。同时，在区域经济发展的过程中，由于没有做到协调发展，这也使学校的发展无法与区域经济发展步调一致。因此，当前的主要任务是缩小两者之间的差距，不断优化学校改革，增强学校的办学实力，只有这样才能有效弥补地方经济的不均衡发展，减少职业教育的不均衡发展，最终实现产教融合。

其次，中职课程设置还有待完善。近年来，随着经济的快速发展，行业对专业人才的需求也日益多样化，导致人力的培养与行业需求两者之间的差距越来越大。尽管中职学校开设的许多专业是企业所需的，但行业的不断升级无可避免地让培养的人才越来越难以满足企业的需求，导致中等职业教育与现实存在严重差距，使得专业技术人才无法满足企业不断发展的需求，难以达到企业对于人才的要求。这种矛盾不仅阻碍了行业的发展，同时，还造成了难以忽视的负面影响，使学生在进入社会开始工作后实践能力不强，使学生的发展受限，对学校的教育水平也有一定影响。

最后，企业配合水平不足。产教融合的目标主要是培养人才，但目前，中职学校在产教融合的过程中，还面临着许多困境。比如政府的政策支持不足，中职学校之间没有建立科学完善的体系指导合作关系，这些均导致学校的产教融合效率不高。同时，由于在合作过程中企业自身的实际利益并没有达到开展合作之前所订立的期望值。所以，企业对产教融合的参与配合度不高。

此外，中职学校的能力和资金不足，导致学校的竞争力不够，对外界产生的吸引力也太弱，导致企业与学校难以达成产教融合的合作，这也是校企合作的一大障碍。

第二，产教融合就业机制的再构建。

首先，完善保障机制。目前产教融合的效率较低，为了应对这种情况，一是必须建立和完善产教融合的保障机制，为职业教育提供可靠的制度保障，在实行产教融合的过程中坚持做到遵守法制。只有通过这一做法，才能保证产教融合落实下去。二是应该建立良好而有效的实践制度。建立相关制度可以增加投入的有效性，确保学校对人才的培训有效，使他们不被时代淘汰。同时，还应该通过立法确保职业教育的重要地位，使产教融合应该落实到职业教育的各个方面。三是应该建立现代职业教育体系，指导中职学校进行专业管理，为其发展指明方向。

其次，资源分配应该合理多样化。职业教育实现产教融合的一大前提是具备一定的经济基础，因为中职学校教学需要改革，而教学改革能够取得有效进展的支撑就是有足够的资金支持。因此，如果要确保中职学校产教融合能够有效运作，应该从以下几方面入手：①要确保资金来源多样化，以确保资金链不会突然中断。②应该进行多样化的资源分配，以确保中职学校和行业组织的有机整合，彼此互补，共享资源，实现生产与教育的真正融合，并为企业发展做出更多贡献。因此，资源多样化配置机制的设置非常重要，不仅能满足企业的人才需求，缩小实际教育方式与理想之间的差距，还能整合资源，促进校企和社会组织进一步合作，促进职业教育产教融合科学合理发展。

再次，基于区域经济发展。学校的管理理念是为当地经济的发展做出贡献。随着产业结构的发展，学校也需要适应当地经济发展而及时做出调整，以满足当地的人才需求，并采取相应的调整措施以深化教育改革。

最后，组建专业教师队伍。一支专业的教师队伍是提高学校运营质量的重点。学校应该积极协调构建教师队伍，科学设置教师队伍中专业教师的数量和比例。在日常的教学过程中，教师应该不断学习，不断提高自身的素质和教学能力。学校应积极引进专业人才，对具有较强可塑性的教师，学校应该为其提供进修的机会。一支优秀专业的教师队伍，能够保证教学改革落实下去。

第三，推动产业链融合发展。①全力建设农村经济建设服务中心。本地学校的建立在日后是可以为当地经济发展做出贡献的。农村是经济发展相对薄弱的地方，应该积极促进产教融合，全力推进农村经济建设服务中心的建设，并进行不断完善。②共同促进相关课程的研发。学校和企业通过合作，可共同开发所需课程，研发的课程应该是与社会的实际需求接轨的。课程内容应该能够反映实际情况，实现教育内容与生产实践及所学专业的融合。

（2）产教融合激励机制——校企合作激励制度

组织群体以特定的方式方法、环境条件和管理体系对团队成员的目标加以激发、唤醒，使成员最大限度地承诺于组织，并与组织的利益逐渐趋于一致，从而实现整体的既定目标的过程就是激励。校企合作的激励机制是一种可有效提高合作主体合作动力和积极性的方法，会在参考平台需求的基础上对合作过程中的内外积极因素加以充分考虑，将可以被利用的方法充分利用以使合作主体将智慧和努力奉献给合作目标。

1）校企合作激励对象及其特点

参与校企合作的团队及其成员是校企合作的激励机制对象。下面以参与校企合作的团队及其成员为主要对象来分析研究构建激励机制的方式。企业相关成员和学校师生是校企合作团队的主要组成成员。

第一，参与校企合作的团队的特点。

首先，合作团队的结构是跨组织的、扁平的。参与校企合作的团队往往产生于一个校企合作项目，是临时的、特殊的，项目终结后就可能解体。合作团队在组织形式上属于跨组织团队，内部有较大文化差异；在构成上，构成成员主要包括企业的团队成员和学校的师生；在结构上，团队成员得到合作团队组织机制与性质的充分授权，发挥空间充足，能够充分自主地决定如何面对合作创新过程中出现的问题，这种扁平化结构十分典型。合作团队由于扁平化的结构很难拓展其内部的管理范围和跨度，所以工作时内耗和冗余的环节得以排除，工作协同性得以增强，发挥的价值大于单个主体的机械相加。另外，原单位依然包含团队中各个成员的人事关系，他们能够充分对所研究项目的相关问题发表意见，以平等的身份相处，没有上下之分，每个人都是独立的个体，这种平等关系能够促进成员相互切磋、相互鼓励和相互促进。

其次，合作团队和知识结构是多样化的。企业工作人员和学校师生都带着不同的工作经验和经历参与到合作团队中，双方所拥有的技能基础和知识结构都有差异，因而能够在合作的过程中对知识进行互相补充，多样化的知识结构保障了合作项目和任务的完成。更重要的一点是，团队成员会在多样化的沟通交流下碰撞思维，激发灵感，不断改善工作方法和思路，积极推动项目任务的高质量完成。

最后，合作与竞争共存。团队成员各自有各自的工作任务，他们需要为了完成任务而尽力去探讨合作。同时，团队成员之间也会有竞争关系，需要通过努力工作获得认可。可以说，任何团队都存在合作与竞争这两个并存的关系，否则活力将荡然无存。但校企合作中的团队竞争是良性的，而不是恶性的和对抗性的。

第二，参与校企合作的团队成员的特点。

首先，团队成员具备较高知识水准。团队中的成员大多是高学历人才，具备较高的知识水准，同时，对专业知识和技术的把握也比较充足，其中不乏高素质的行业研究领军者。团队由教师、学生和企业的科研人员组成，这些成员拥有不同背景，不同的工作习惯，且均可进行自我调节和管理工作，工作效率高，且具有极强的责任感。

其次，团队成员具有较强的进取心和强烈的创新意。从事科研的团队成员通常具有强烈的进取心，热爱学习，热衷接触和了解新鲜知识和事物。这些特点十分有利于团队项目的开展和成功。

最后，团队成员具有较高的需求。团队中的成员并不局限于简单的生理需要，而更注重精神层面的需求，追求自我的突破和提高，享受在团队中解决难题和不断创新的过程，并从中获得精神层面的满足。因此，参加校企合作项目、参与项目决策和实施是他们更加看重的部分。

2）校企合作激励机制的运行机理

第一，校企合作中的需求满足。学校与企业之所以能达成合作，一定是因为双方都有仅靠自身无法满足的需求，需要通过合作来满足，因此在校企合作过程中，必须充分满足团队的需求，为团队提供充足的资源，确保团队可以顺利开展科研工作，充分发挥校企合作的资源优势。科研工作是团队工作的重点，而好的氛围对工作的开展十分重要，因此必须保持一个科学严谨的氛围，为团队成员提供良好的科研环境，激发团队成员的创新意识，使团队成员的才能充分发挥出来，以此进一步促进团队项目的成功。

第二，团队成员的个体需求。马斯洛需求层次理论将人的需求由低到高分为生理需求、安全需求、社交需求、尊重需求和自我实现需求五种需求。根据团队成员的特点，基本的安全和社交需求并不是团队成员迫切需要满足的，团队成员更需要满足其他三个需求。

首先，报酬能满足团队成员的生理需求。团队的报酬对团队中的每一位成员都是必需的，特别是那些基层工作者和一般水平的科研人员。为了满足社会生存的需求，团队成员需从团队工作报酬中获得主要生活资金来源，因此团队报酬能满足团队成员的生理需求。在确定团队成员报酬时，应做到以下三点：一是要了解所在行业薪资的相关情况，为薪酬制定提供参考借鉴；二是要根据团队成员在团队工作中的表现制定相应的奖励机制，使成员除了获得基本薪酬外可以通过提供研发成果获取额外收益；三是还需要平衡好成员薪资中各部分所占的比例。需要注意的是，应根据团队项目的研发进展以及成员的职能变动和需求变化，及时对成员的薪酬做出调整。

其次，认可团队成员在团队中的工作可以满足团队成员的尊重需求。校企合作团队中的成员来自各行各业，具有不同的社会背景，也会具有较大的个体差异，而团队成员之间的相互尊重和认可能够最大限度地消除个体差异，使团队成员更好地融入团队工作中，确保团队工作更好地进行，同时更好地激发团队成员的工作热情。根据马斯洛需求层次理论，人类个体的尊重需求是必需的，通过满足尊重需求，可以增强个体的自信心，从而激发出个体更大的潜力。

最后，要满足团队成员最高层次的需求，即自我实现需求。团队成员的理想追求是团队成员科研工作的精神来源，在自我实现目标的激励下，团队成员的创新热情和潜能可以被不断激发出来。在分配团队成员工作时，要尽可能贴合团队成员的理想和价值追求，使团队成员在工作过程中可以获得自我实现的满足感。

第三，校企合作的激励因素。校企合作激励机制中的激励因素，是指可以激发团队成员科研创新热情、推动团队成果完成的因素。根据校企合作机制的特点，以及校企合作团队中团队成员的不同需求，可以从形象和抽象两个方面对激励因素进行分析：

首先，形象的激励因素是指具体的对团队起激励作用的因素，即团队成员的报酬。从事科研工作的人员一般都无法拥有较高的经济收入，因此从团队工作中获取的报酬是影响团队成员工作热情的重要因素。报酬既能满足团队成员的生活需求，同时也是对团队成员价值的肯定和团队成员社会地位最为直观地展现。校企合作团队中的团队成员来自不同的行业，需求也更加复杂。不同行业的成员需要获取的资源不同，学校中的科研工作者需要的是资金和科研设施的支持，而企业的科研工作者需要的是成熟的理论知识。由于双方所拥有的资源不同，彼此缺乏的资源也是限制双方科研开展的重要因素。只有充分满足了双方的资源需求，才能更好地推进双方的合作。

其次，抽象的激励因素则更偏重精神层面对团队成员的激励作用，即满足团队成员的精神需求。团队通过对团队成员的尊重和认可，为团队成员提供良好的科研环境和机会，极大地满足团队成员的精神需求。团队为团队成员提供的理论学习、职位晋升等机会，不仅可以满足团队成员的精神需求，激发团队成员的创新热情，还可以为团队成员营造一个和谐的科研氛围，大幅提高团队成员的科研效率。

3）校企合作激励机制的团队目标

团队的最终目标不仅要获得团队成员的认同，还要对团队成员起到一定的激励作用，使团队成员能在目标的实现过程中获得较强的满足感。因此，团队目标的制定需要满足以下要求：

第一，团队目标必须具备真实性和可操作性。校企合作的团队目标对团队开展工作具有极强的鼓舞和激励作用，必须确保团队的目标是真实的，且具有一定的可操作性。因为只有具备可操作性，团队成员才能根据目标制订工作计划，朝着目标不断靠近。团队目标的制定还要符合团队的真实水平，确保目标既能为团队带来可观收益，同时也是可实现的，如此才能真正发挥目标的激励作用。

第二，团队目标必须保证客观，同时要具有一定的挑战性。制定一个具有挑战性的目标，既是对团队成员提出的更高要求，也是对团队成员能力的考验，同时也是科研工作的基本要求。团队目标必须同时具备客观性和挑战性，既要能保证目标可实现，同时又要能激发团队成员的工作热情，激励团队成员不断开拓创新。

第三，团队目标必须与团队中的个体目标相符。一个团队是由无数的团队成员组成的，团队成员在团队中发挥着极大作用，团队目标必须与团队成员的目标相一致，这样才能更好地激发团队成员的科研热情，促使团队获得成功。

4）校企合作激励机制的设计原则

第一，个体与集体目标相结合。要通过科学的人才政策引导，搭建校企合作互利共赢。在校企合作激励机制构建中，目标设置既要考虑团队整体目标又要均衡个人与集体两者的需求，这样才能提高整体效率。

第二，具体与抽象激励相结合。在校企合作中，想要提高团队的积极性，激励政策是必不可少的。但在激励政策的落实上，应注意虚实结合，既要有物质奖励也要有精神奖励。

第三，惩恶扬善与公平合理相结合。公平合理是指处理事情既要公正又要符合情理。激励是指通过特定的方法与管理体系，将员工对组织及工作的承诺最大化的过程。"激励机制"是指在组织系统中，激励主体运用多种激励手段或激励因素与激励客体相互作用、相互制约的结构、方式、关系及演变规律的总和。

第四，民主公开和机会均等相结合。在校企合作中，面对所有对象都要做到民主公开、机会均等，激励的目的是要促进集体的积极性，增强团队凝聚力。所以激励方式要恰当，要符合民主性、公平性等原则，这样才能达到激励目的，否则就会出现反作用。

第五，时效和按需激励相结合。激励措施要选对时机，要借助信息沟通，来激发、引导、保持和归化组织成员的行为，以有效地实现组织及其成员个人的目标。有效激励会点燃员工的激情，使他们的工作动机更加强烈，让他们产生超越自我和他人的欲望，并释放出潜在的巨大内驱力，为校企合作最终目标奉献自己的热情。不过，激励政策的实施应根据团队成员的不同需求采取不同的方式，比如临时组建的团队，成员彼此之间都不熟悉，就可以采取一些以激励为导向的增强团队凝聚力的拓展活动，让团队快速破冰。

5) 校企合作激励机制的搭建

为实现校企合作目标最大化，保障各项工作严格有序进行，充分调动成员的积极性，采取高效合理的激励机制是一种有效手段。由于校企合作牵扯政府、学校、企业等多个复杂主体，所以激励机制要符合多方需求，要时刻以政府为主导，同时要明确学校和企业的主体位置。

第一，政府在激励机制中处于主导位置。中职教育的目标是为社会输送人才，企业与学校合作也是为了培养人才。各项资源统一由政府支配，可避免出现第三方滥用的情况。因此，作为校企合作的引领者，政府必须做好牵头作用，积极发挥主导作用，调动好各项人力、物资，具体可从以下几方面入手：

首先，政策引导。校企合作离不开政府的推动和引导，但在各项激励政策的构建中因没有借鉴的标准，很难保证激励政策正确与否。因此，政府应建立相关政策引导，为激励政策的构建提供标准，明确校企合作的社会地位，并报以支持态度，由此可减少一些因制度问题带来的阻碍。同时，在政府的政策引导下，校企合作更加顺畅，因此媒体工作人员还可以通过宣扬典型案例来提高校企合作的知名度。

其次，资金投入。政府为学校办学提供资金支持属于政府的基本工作之一，体现了政府对学校办学的主导作用。政府为学校提供办学资金的方式有很多，比如，直接拨给学校办学资金或投资学校的定向学科及办学项目。除此之外，政府还可以自身为桥梁，联系企业和学校，促进二者的合作，鼓励企业及其他社会力量为学校办学提供资金支持，缓解政府自身为学校提供资金的压力。

再次，监督管理。政府应该通过对法律法规等进行完善来弥补眼下监督管理上的不足。在这方面，不仅需要制定监督评价机制，而且校企合作的办公室应依据相关法律法规来对中职学校及企业双方进行监督，以推动校企合作人才培养办学的发展。在这类组织机构得到建立和完善后，政府有关部门还要做好信息公开及绩效评估工作，不仅要让社会监督相关活动，同时也要让有关成果得到广泛传播，以吸引更多相关合作。此外，政府还应建立相关监督管理机制，对校企合作项目进行整体的监督、评估，以便合作项目的良性开展。

第二，学校和企业在激励机制中处于主体位置。校企合作的最终目的是培养高技能高素质的综合型人才，鉴于对技术型人才的高度重视，政府部门可以制定相关的激励机制，除了给他们应有的付出所得外，还应该给予他们精神上的支持和鼓励,提高他们的积极主动性。目前,校企合作中存在一些表象化东西,激励机制落实不到具体的项目工作中,导致大家积极性不高。因此,政府要起到引导作用,比如企业通常以教学设备投入、提供技术支持等方式跟学校进行合作,针对这些合作方式,政府部门可以制定一些相应的优惠政策给予鼓励和支持。

学校应主动寻找企业开展合作,特别是地方性质的应用型学校。该类学校能够联系到的企业资源有限,也没有国内知名学校的竞争力,因此更应该发挥自身的主动性。学校想要和企业展开深入的合作,首先,学校应该认清自己的发展定位,主动走出校园寻求能够促进学校发展的资源,在为社会提供更多优质的服务的同时,也要提高学校项目科研的转化率;其次,学校在谋求企业合作时应该注意寻求适合自身办学特色的企业,避免同类项目扎堆,学校应该突出自身的办学特色,为社会提供符合需求的人才;再次,学校应该与社会保持紧密的联系,传统学校的办学理念、管理模式、教学方法都很难适合如今的社会发展需求,学校应该改变自己的教学体系、管理体系,寻求与社会同步;最后,学校要主动联系与自身发展相吻合的企业,寻求他们的资金支持、设备支持及场地支持。总而言之,学校应该创新自身的办学理念、培养体系、教学方式,全面地和社会发展接轨,积极联系社会企业,谋求学校的快速发展。

校企合作就是将学校与用人单位的资源进行交互,将企业的运营机制和岗位需求与学校的人才培养体系和人才培养目标相结合,通过协调、互动和分享等长期合作模式达到学校人才培养目标与用人单位的人才需求无缝对接的目的。然而,在现在的校企合作项目中,企业的积极性不高,其主要原因有两个:一是企业投产比不成正比,达不到企业预期目标,很多企业在自身利益受损的情况下,必然放弃合作。此外,在实际的校企合作中存在多项不确定因素,企业为了规避风险和责任,积极性不高在所难免。二是在校企合作中,学校一直占据主体位置,企业属于从属地位,企业提供资源后自身权利得不到相应的保障。一旦校企合作中出现利益冲突,企业利益势必受损,进而会挫伤企业的积极性。综上所述,要想提升企业的积极性,还需要从源头着手,要确保企业的主体位置,学校要秉承合作心态,通过优化两者的利益配比,让企业感受到平等尊重,这样自然会提升企业的积极性。

6)校企合作运行阶段机制

第一,发挥社会组织的桥梁和纽带作用。行业协会是以行业为基础,为行业内部的经营者提供咨询、沟通、协调、监督等服务,处于政府与企业之间的非官方社会组织。行业协会有效促进了企业和学校之间的沟通。对于学校来说,行业协会可极大地帮助学校了解行业需求，促进学校更改自身的教学内容、培养方式；对于企业而言，行业协会可有效地监督行业发展，协调各个企业之间、校企之间的关系。具体来说，行业协会对校企合作的作用主要表现在两个方面：

首先，行业协会能够指导行业教育。行业协会相当于行业内部的指导委员会，对于企业来说，如果其想稳定持续地发展，那么必然需要技术的创新，而若与学校合作，则学校必然可以为企业技术创新提供助力。作为企业和学校之间的桥梁，行业协会必须要强化自身的管理，充分发挥自身的职能作用，统筹各个企业。与此同时，行业协会还应与政府部门、学校展开密切的联系，遵照地方整体经济发展目标，协调行业内部发展，发挥自身的影响力，促进校企合作有效开展。

其次，行业协会能够进行资质认定。行业协会可以认定企业资质与学校资质。在学校和企业加入校企合作前，行业协会可以对学校及企业展开调研，考察企业和学校的资质。资质考察主要是为企业及学校之间展开合作与选择提供信息参考，这种资质认证既可以是官方认证，也可以是非官方认证，主要是为了增加学校和企业之间的信任。符合行业研发与人才培养需求的学校可以进入校级合作范畴，企业需要满足学校对企业规模状况、管理情况、经营情况、口碑情况的要求才能进入校企合作范畴。行业协会的存在有效地扩大了校企合作的范围，从以往的单个学校和单个企业之间单一的合作方式转变到如今更大范围的更多选择的合作方式，有效地加快了合作进程。与此同时，政府也应该对行业协会的工作给予支持和认可，行业协会代替了政府的部分职能，减轻了政府的工作量，有效地帮助学校和企业建立合作，是学校和企业之间的重要沟通桥梁。

第二，提高学校的自身能力和吸引力。校企合作是一项涉及多个主体的大工程。学校为了加强与企业的合作，必须对自身的能力加以提升，并凸显企业参与合作的主体地位。学校在这个过程中应做好以下工作：要主动适应校企合作的模式，对企业在合作中的地位给予充分的认同，在全校范围内形成积极的校企合作文化，确立学校和企业合作的双主体地位；要改革对人才的培养体系，加快学校实验基地的建设，促进学校和企业之间的资源共享；要加快改革速度，建立健全学校的管理体系，创新学校的教学机制，使教学内容的确立要和企业的需求相结合，以满足企业对学校的知识需求，为企业提供更多符合需求的人才；要与企业展开定期交流和调研，开发企业需求的课程，为企业和地区的经济发展培养定型化的新兴人才；要加强学校师资队伍的建设，调动教师的工作积极性，鼓励教师走入企业，也可主动邀请企业经验丰富的工程师到学校来授课、教学，培训学校教师的实践应用能力，满足企业对科研方面的需求，以及学校对学生实践的基本需求。总而言之，在校企合作中，学校应积极建立合作途径，丰富合作方式，与企业建立切实有效的合作，以宽广的胸怀开展合作，发挥自身合作的主体地位，构建和谐的合作关系。

第三，调动各方参与的积极性。激励机制的完善是为了保障主体利益。因此激励制度的制定要做到科学化、合理化，就要遵循三项规则：一是制度的制定是建立在规则约束下，需要所有成员遵守，对成员的行为有制约作用，并在制度实施过程中要有监督动作，对结果负责；二是规范性，这里强调合作的规范性，是对过程、方法的统一性约束；三是文化认同性，也就是理念一致性。校企合作激励制度是为了激励成员完成目标，所以制度本身是要得到所有成员认可，符合主体人员的文化认知。校企合作的激励制度主要体现在以下几方面：

首先，搭建多方合作治理的管理体系，协调各方的利益关系。我国的教育管理一直采取政府财政拨款的单一定向管理方式。若要实现校企合作，就必须改革目前的单一定向管理方式，建立由政府统筹、学校自我管理和企业参与管理的协同管理模式，这需要做到三点：①国家应该从政策上加强对校企合作的管理，针对校企合作可能会遇到的问题建立法律法规，引导调控校企之间的合作，也可以成立专门的组织机构管理校企合作。与此同时，还应加强对校企合作的宣传力度和支持力度，通过宣传和政策的保证，达成政府、学校和企业对合作的利益共识。②地方区政府应该在国家政策的允许下，结合区域的发展特色指导校企合作，规范校企合作的发展方向、发展内容、发展方式，有效地调节校企合作之间的利益冲突，促进校企合作有效、稳定、持续发展。③在保障合作合理、科学、有效的基础上，鼓励社会力量参与到校企合作中，为合作带来更多资源支持。

其次，完善经费保障制度。在校企合作中，常常因为供应链资源短缺造成工程"烂尾"。充足的经费是校企合作的基础，因此为保障经费的合理运用，必须健全经费保障制度，让经费运用有保障。可以从两方面入手：一是将政府单一投入模式换成校企合作资金专项模式；二是可以从多个渠道筹集校企合作资金，以此改善资金集资难问题。

最后，健全监督制度。校企合作需要由第三方监督机构来监督利益分配，第三方监督机构可以由政府建构，也可以由社会机构建构。第三方监督机构的主要功能是对校企合作进行全程监督，保障校企合作利益的平均分配，避免出现利益矛盾，为校企合作保驾护航。

第四节 产教融合背景下"三教"改革的创新型路径

当前,《国家职业教育改革实施方案》提出了"三教"改革的任务,而其中教师是根本,教材是基础,教学方法则是实施"三教"改革的重要途径。基于此,在我国职业教育中,有必要在产教融合背景下探索"三教"改革的创新型路径,用以强化人才培养的质量及效率,从而为社会各领域的蓬勃发展培养出更多实用型与技能型人才。

一、产教融合背景下"三教"改革创新的着力点

(一)注重学生职业能力的养成

职业教育是我国社会主义教育体系中的重要组成环节,职业教育的水平与社会中人才的综合素质有密切的联系,因此有必要在产教融合背景下开展"三教"改革,以此探索出一条职业教育的全新道路,从而确保社会拥有更加丰富的复合型人才储备。在职业教育中,需要充分注重学生职业能力的养成,并基于产业需求进行有针对性的职业能力培养,以保证学生的专业素养及职业技能可以充分符合企业的要求,做到以企业需求为导向开展职业教育,促使我国"三教"改革切实向前推进。从本质上而言,学生的职业能力与其后续的就业以及职业发展具有高度的关联,换言之,学生在职业学校所学习的知识对于学生的职业发展起到一定的促进作用,使学生拥有更为广阔的发展空间与发展前景。因此,教师需要充分注重学生的职业能力养成,用以助推"三教"改革有条不紊地开展。

(二)培养学生的良好职业观念

为了在职业学校全面推进"三教"改革,为社会的建设与发展源源不断地培养出高素质人才,学校应注重培养学生树立正确的职业观念,使学生能够积极开展各项学习活动,养成良好的职业素养,从而逐渐成长为我国社会建设与发展阶段的高素质人才。在实际中,职业学校需要在产教融合背景下深入剖析与探讨如何在"三教"改革中使学生树立正确的职业观念,具备良好的职业素养,使学生在持续不断的学习过程中形成正确的职业道德观念,进而以良好的精神面貌面对自身的职业发展。例如,职业学校可以将课程思政的理念融入其中,以课程思政培养学生的价值观念,使学生逐渐形成正确的人生观与价值观,并且能够针对自

身的职业发展制订长远的规划，从而在持续不断的学习中养成正确的职业观念，这对我国"三教"改革事业的发展与创新具有较大裨益。

二、产教融合背景下"三教"改革创新的路径

（一）从产教融合寻找改革突破口

为了切实做好"三教"改革，提高学生的专业能力及职业素养，职业学校可以"双向双融通"为主要改革途径，使校企双方师资互兼互聘，加大培训力度及人才的引进力度，促使教师拥有更强的专业能力及教学实践能力，并在此基础上再组建结构化的师资团队，且师资队伍要结构合理、各教师教学任务明确，从而起到对学生的良好教育作用。此外，教材是"三教"改革最为关键的一点，需要做到推陈出新、打破传统，如通过校本教材的形式对学生进行培养，使学生在校本教材中学习到丰富的专业知识及职业技能，同时要完善信息化教学配套资源，为学生提供更加丰富的教育服务内容，切实强化职业教育水平，促使"三教"改革取得更加良好的成效。

（二）注重开展职业技能实践教学

职业学校要注重定期开展职业技能实践教学，即在教学阶段要以培养学生的实践技能为核心，积极开展各项教育环节及流程的规划设计，令学生在学习过后可以掌握丰富的职业技能，保证学生的职业认知符合行业发展需求。在理论知识学习完毕之后，职业学校可以定期组织学生开展实践活动，如号召学生利用寒暑假的时间到企业进行实习，通过实习学生不仅可以夯实自身专业能力和掌握丰富的专业知识，还可以将所学习的理论知识付诸实践，这对于学生职业能力的培养及职业素养的提升具有积极的影响，同时也可以促使学生在毕业之后能够充分符合企业岗位的能力要求，用以助力"三教"改革的高质量完成。

（三）合理统筹教育课程体系设置

职业学校在开展教育工作阶段，要注重统筹规划教育课程体系设置，确保各个课程安排符合学生的职业发展情况，助力学生形成精深的职业技能及良好的职业理念。例如，职业学校可以对当前的课程安排情况进行全面的统计与汇总，找出课程安排中存在的不合理之处，随后以强化学生职业能力为核心目标，积极开展各项课程规划设计的完善，在此阶段需要以锻炼学生的实践技能为导向，大力

推进产教融合，从而使学生可以在企业实习中夯实自身职业认知及专业能力，并且掌握企业岗位的技能需求，随后便可以在教师的积极引导下逐渐形成正确的学习观念，做好自身的职业发展规划。职业学校通过这样的方式可以在产教融合背景下充分做好"三教"改革，同时也可以为我国社会主义建设事业源源不断地培养出应用型与技能型人才。

综上所述，职业学校在我国教育事业中占据至关重要的地位，可以为社会各领域发展源源不断地培养出应用型与实践型人才，因此有必要基于产教融合背景积极推进"三教"改革，通过"三教"改革的形式革新职业学校人才培养模式，助力我国社会建设与发展质量的切实提升。

第三章 中职学校"双师型"教师专业发展与教研能力提升

第一节 中职学校"双师型"教师专业发展的理性诉求

在中等职业学校，推进"双师型"教师专业发展的进程，形成一批优秀的"双师型"教师队伍刻不容缓。"双师型"教师的专业发展不仅与教师的国际化发展相符合，而且是我国中等职业教育改革的必然选择，是提高教师专业能力的关键。因此，需要重视中等职业学校"双师型"教师的专业发展。

一、中职学校"双师型"教师内涵及专业发展阶段

"双师型"教师并非一个静态目标，而是一个动态发展目标，达到"双师型"教师标准并不是职教师资专业化的终极目标，因为教师的专业发展是一个伴随其整个职业生涯的过程。"双师型"教师也要经历由新手教师到专家型教师的专业建构与成长过程，这是一种更高层次的教师专业发展过程。由此可见，"双师型"是对职教师资的一种素质结构要求，而"双师型"教师的专业发展则是对这类教师的能力层次要求。

（一）中职学校"双师型"教师的内涵

"双师型"教师是 20 世纪 80 年代，职教界针对职业教育教学过程中重理论轻实践、理论与实践严重脱节的问题而对职教师资专业化提出的要求，旨在真正贯彻职业教育的办学指导思想，凸显职教特色，提高教育质量，实现技能应用型人才的培养目标。从理论上而言，基于职业教育办学特色，具备"双师型"素质应该是对所有职教师资的素质能力要求，但就现实情况而言，对中职学校中的专

业课教师更加适合运用"双师型"的教育理念，对文化和基础课程的教师来说，"双师型"相对没有那么适用。一方面，基础课程的教学知识面范围太广，普遍难度大，要达到"双师型"标准相对困难。另一方面，从实践教育的角度来看，这并不是普遍需要的，也不是"双师型"队伍人员构成的重点，至少在现阶段的实际情况是这样。此外，"双师型"教师的素质还包括以下内容：一是在理论和实践上都有建树，"双师型"教师在这两方面都要有出色的能力；二是强调教师在教学和生产两个不同岗位上的"双重资格"，即教师不仅是教师，还是有一定能力的专业技术人员。

综上所述，"双师型"教师可表述为有中职教师系列职称（助讲、讲师、高级讲师）或者是实验实习指导教师系列职称（实验员、二级实习指导教师、一级实习指导教师）中任一级别职称，并拥有所教专业等级资格（劳动部门或者人事部门颁发的证书均可，如厨师证、导游证等），同时能运用教育教学智慧将专业知识、实践技能等有机融于教育教学过程传递给学生的一类职教师资。在此需要特别强调的是"双师型"教师内涵的核心本质其实是"双师"职业能力与素质的有机融合，而不仅是形式上的双证书或两种职业能力的简单叠加，双证书是"双师型"教师的必要条件，但绝非充分条件，另外，具备其他教师所应必备的一般职业素养也是不言而喻的。

（二）中职学校"双师型"教师专业发展阶段

在我国，针对"双师型"教师专业发展的研究内容还有待加强，"双师型"教师的专业发展在一定程度上缺乏内在动力的推进以及外在机制的保障。比如，资格认证方式还不够完善。资格认证的现状是只要教师符合教育部公布的相关标准，就是"双师型"教师，但是这一标准的设定不灵活，难以由此看出教师的真实水平。由于"双师型"教师专业发展定义不明确，"双师型"教师专业发展阶段和水平不高，且对于教师获得"双师型"资格缺乏制度激励和发展目标。因此，有必要探索"双师型"教师专业发展的动态阶段和独特特征。

根据教师教学专业知识和技能的学习和掌握情况，教师的专业发展可以包括五个阶段，即新手阶段、高级新手阶段、胜任阶段、熟练阶段、专家阶段。以这五个阶段为基础，以中华人民共和国教育部对中职学校"双师型"教师的相关要求标准为依据，结合一些地区对中职学校"双师型"教师的资格认定和评级标准及中职学校教师专业技术职称的梯级，可以将中职学校"双师型"教师的专业发展分为以下阶段：

1. 素养准备阶段

素养准备阶段，即努力达成 "双师" 资格与能力素养的知识学习与经验累积阶段，既包括学校初始培养阶段，又包括中职学校专业教师在企工作阶段。处在这一阶段的教师的特点是主要关注知识与技能的掌握。

2. 新手阶段

刚被评为 "双师型" 教师的教师工作的最初几年均处于这一阶段，这一阶段一般也被认定为初级 "双师型" 教师阶段。对这一阶段的教师而言，他们特别关注课堂教学效果，以期望得到同事、领导对其 "双师型" 能力的肯定。由于他们初为 "双师型" 教师，对一些教育教学工作还是会感到力不从心，因此他们尚需继续学习与锻炼，这一阶段可以说是 "双师型" 教师的适应和快速发展期。

3. 熟练阶段

这一阶段的 "双师" 型教师一般已经从事教育教学工作多年，取得了讲师及以上职务和非教师系列中级及以上专业技术职务任职资格，还取得了能体现其教育教学能力的知识技能成果或教学成果等，达到了中级或高级 "双师型" 教师认定标准。处在这一阶段的 "双师型" 教师具备全面、系统的专业课程理论与实践知识，并积累了丰富的教育教学经验，能机智灵活地运用教育理论或教育经验将专业理论与专业实践有机结合，并采用学生喜闻乐见的形式传授给他们，真正实现教法、学生与专业知识技能三者的高效结合。另外，处在这一阶段的教师还具备一定的科研意识与能力，能够面对行业市场需求变化，主持或参与相关的专业培训或课题研究。特别需要指出的是，对处在这一发展阶段的教师的继续教育或培训不容忽视，否则处在这一阶段的教师专业发展将停滞不前，徘徊于职业发展的高原期，很难迈入专家阶段。

4. 专家阶段

迈入专家阶段是 "双师型" 教师专业发展的理想目标，达到这一发展阶段的教师并不多。处在这一发展阶段的 "双师型" 教师不仅具备全面、系统、深厚的专业理论及技能知识，而且还形成了其独特的教学理念或风格，可以做到 "教学有法，而无定法"，以 "润物细无声" 的方式在潜移默化中教育学生，深受学生、同行肯定，属于德高望重的学科领域的专家、学者。

二、中职学校"双师型"教师专业发展的理论支撑

中职学校"双师型"教师专业发展主要可以从终身学习理论、需要层次理论、人力资本理论和生命周期理论的角度去进行理论寻根。

（一）终身学习理论

终身学习的概念自古就有，树立终身学习理念在教育思想中变得越来越流行。终身学习理念是建立在理论观念和学习型社会基础上的继续教育理论的发展和延伸。学习型社会不仅意味着随时为所有成年人提供基于任何时间的成人教育，还意味着成功完成基于学习、目标和实现目标的所有系统的价值转化。整个社会要求构成社会的所有部门，在从"学校社会"到学习社会的发展过程中，提供学习资源并参与教育活动。因此，终身学习理念可概括为：在学习型社会中，每个人为了尽可能地发展，顺应社会要求，实现自己的人生抱负而持续一生的学习过程。

以终身学习为理念，传统的师范教育与教师在职进修培训正在不断地进行整合与延伸，教师教育一体化正在逐步实现，这对教师的专业发展有着根本上的促进作用，并要求教师要以发展的眼光、全面地看待教师职业，树立职前职后贯穿于整个职业生涯的全方位、多元立体化的"大"教育观、"大"学习观，不断创设与实现更高专业发展阶段的目标。尤其当前科学技术的迅速发展，社会经济的日新月对工作在生产、建设、服务第一线的应用性技能型人才提出了更高的要求，要求其必须紧跟科技与经济发展的步伐，满足甚至是超越现有发展变化速度的要求。因此，作为培养这类人才的教师也应该随社会和行业发展变化而与时俱进，持续不断学习与拓展包括教育教学知识、专业技能知识、人文科学知识等在内的新知识，提升专业素养，否则是很难适应不断变化的教学要求的。

（二）需要层次理论

1968年，美国心理学家马斯洛提出了著名的需求层次理论。在这一理论中，他把人的需要依次划分为五部分，第一是生理需要，第二是安全需要，第三是爱与归属需要，第四是尊重需要，第五是自我实现的需要。自我实现需要是指人不断提高自己，发挥自己的优势，成就自己，实现自己的理想，这是人寻求的最高层次的需要。当人的潜力充分发挥，才能充分展现时，人会获得最大的满足感。人有一种内在的或先天的趋向自我实现的成长需要，从这个意义上而言，自我实

现的需要是教师追求专业发展，达到专业成熟，体现自身人生价值的内在心理驱动力，同时教师专业发展也是教师自我实现的根本路径。基于此，在教师专业发展过程中，应"以师为本"，尊重教师的主体地位，充分信任教师，发挥教师自身的积极性和能动性，使其进行自我管理与自我激励。另外，马斯洛需要层次理论认为，较高层次需要的出现是建立在较低层次需要满足的基础之上的，要使自我实现需要占据支配地位，必须持续不断地满足所有低层次需要。因此，学校、社会、政府要充分履行自身职能，为教师专业发展提供物质和精神保障。

（三）人力资本理论

由于市场经济的快速发展和各种主客观需求，必须从经济学的角度来审视教育的投入产出比，让教育投资更加合理，大幅提高办学效率。美国经济学家西奥多·舒尔茨建立了著名的人力资本理论。在他看来，经济增长和社会发展的关键就是人才，人才发展是整个发展过程中最重要的一环。他强调对人进行投资，从而形成有效的人力资本。人力资本理论是通过对人的投资而形成的一系列引申内容，这主要体现在人力资本中的知识、技能、经验等方面。人力资本的投资途径主要包括学校教育、实地培训和成人教育，即人力资本的投资主要依靠教育才能完成。人力资本理论认为，要想提高人的生产能力，就需要加大对人的资本投入，尤其是对教育的投入。"双师型"教师作为中等职业教育资源的重要组成部分，对人力资本运作具有双重作用：一是可以通过提高教育效率和提高中等职业教育质量，来促进中等职业教育的可持续发展，提高生产和教育效益；二是可以为社会各生产部门培养越来越多的高素质人才，为社会的全面发展提供充足的人力资源，从而产生显著的社会效益。

（四）生命周期理论

生命周期的概念在社会上已经很常见，无论是在经济领域还是技术领域都有它的身影，且它的应用相当广泛。我们可以简单将它理解为一个产品从出现到结束的过程。产品的整个生命周期包括搜集原材料、加工原材料、产品的储存和运输、产品使用、产品的处置和再处置等多个复杂的过程。同样，我们也可以将生命周期引入教育领域研究教师的专业发展，一个完整的教师职业生命周期既包括教师职前的职业准备过程，也包括职后的直至退职前的整个专业成长过程，而且是分阶段进行的。

教师职业生命周期理论对中职学校"双师型"教师的专业发展有十分重要的

指导作用,是职业学校、教育行政部门及教师自身进行专业发展设计的重要依据,主要表现在:一是就教师个体而言,有助于教师明确自身所处的发展阶段,制订该阶段专业发展目标及计划,并在不断反思与改进的过程中实现最终的专业发展目标;二是就教师专业发展的外部保障而言,教师的专业发展不可能一蹴而就,必须立足教师专业发展的不同阶段,有针对性地进行阶段发展特点及需求分析,统揽全局,进行整体规划,从而更为有效地进行教师专业发展设计及管理。

三、中职学校"双师型"教师专业发展的内容结构

"双师型"教师专业发展的内容结构是指"双师型"教师在专业成长与发展过程中所应具有的专业素质结构,是决定"双师型"教师专业发展方向与范畴的关键因素。从中职学校"双师型"教师的本质内涵及内在素质要求出发,我们可以将中职学校"双师型"教师专业发展的内容结构划分为专业自我、专业理念、专业知能和专业情意四个方面(图3-1)。

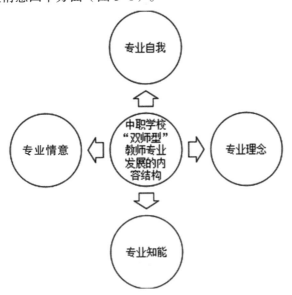

图3-1 中职学校"双师型"教师专业发展的内容结构

(一)专业自我

专业自我主要包括自我形象、自尊、工作时的动机和满意度、任务感知及对未来的憧憬。在教师这门职业中,专业自我有着更鲜明的特色,除了重要的自我专业发展意识外,还包括教师对自我价值的追求。在教育工作开展的过程中,教

师应该积极探索专业发展的道路，不断学习，尽自己最大努力去实现自身的教育价值。教师通过自我价值的实现，找到了自己的人生目标。因此，具有高度专业自我的教师倾向于以积极辩证的态度评价自己、他人和周围环境，在充分信任和肯定自己的基础上挖掘自身所具有的教育价值从而进行有效教学。由此可见，专业自我是中职学校"双师型"教师专业发展中必须加以重视和培养的一个个体主观意识。

（二）专业理念

专业理念是专业人员从事专业活动的思想灵魂，直接决定着专业行为和专业结果。"双师型"教师作为既会教学又懂生产，既通理论又懂实践的一体化中职专业化师资，其教育理念的正确与否直接影响着中职学校办学目标的实现程度。教育理念是指教师在对教育工作本质的理解基础上形成的关于教育的观念和理性信念。有没有职业理念，是专业人员与非专业人员的重要差别，也是未来教师专业素养不同于以往的重要方面。因此，中职学校"双师型"教师应该具有与时俱进的教育理念，并以此来指导自己的教育教学行为，时刻保持高度自觉，树立强烈的责任意识，不断进行教育反思，形成正确的教育观、师生观、学生观。在认识到职业教育的实践性与社会性基础上更要认识到教育的生命性和未来性；在认识到学生的能动性与主体性基础上更要认识到学生的独特性、可塑性及发展的潜能性；在认识到职业教育特殊性及自身素质双能性的基础上更要认识到教育过程的融合性、差异性及发展性。

（三）专业知能

专业知能，即专业知识和专业能力的统称。教师的专业知能是教师专业发展的基石，教师的教育教学工作离不开其专业知能的支撑。中职学校"双师型"教师在专业知能素养上较普通教师更为严格与丰富，其不局限于专业知能和教育教学知能的单方面素养，也不等同于"专业知能＋教育教学知能"的简单叠加，而是强调多层次、立体多元化的复合知能结构。

就专业知识而言，位于中职学校"双师型"教师专业知识体系最基础层面的是有关当代科学和人文两方面的基本知识，以及工具性学科的扎实基础和熟练运用的技能、技巧。这既是作为传统意义上的教师给学生"传业、授道、解惑"，胜任教育教学工作的基本要求，也是"双师型"教师紧随时代发展，不断更新知识，进行终身学习，适应职业教育社会性、实践性特征的内在发展要求。与专业理论课教师和专业实践课教师相比，对"双师型"教师所任教专业的知识要求更为严格，其既要具备扎实的专业理论基础知识和娴熟的专业实践操作技能知识，又要精通学科专业结构，了解学科发展历史，运用学科教学所要求的独特思维，对理论与实践知识做到融会贯通、运用自如，并要了解与市场及企业发展相关的经济社会学知识等，以体现出职业教育内容及功用的无限性和丰富性。"双师型"教师专业知识内容中第三个层面的知识是教育类知识，这是由"双师型"教师角色的丰富性和实现专业知识与教育过程高效整合的目的性所决定的。因此要想提高"双师型"教师的教学能力，就必须加强教师对教育对象的认识，注重教师教育哲理的形成，丰富教师在管理策略、教育教学活动设计、方法选择、现代教育技术手段的运用及教育研究等方面的知识与技能。

就专业能力而言，"双师型"教师角色的丰富性及素质的综合性使得社会和学校赋予其更高的要求与期望，因此，"双师型"教师较普通教师而言，更多的责任与义务促使其具备更多的能力，诸如，较强的教育教学转化能力、理论联系实际能力、职业岗位技术操作能力、课堂设计组织能力、生产技术设计开发能力、职业指导能力、参与课程及专业建设能力等。特别指出的是，这种多层次、立体多元化的复合知能素质不是彼此孤立或简单叠加的，而是相互渗透、相互融合、互为支撑的。

（四）专业情意

现代教育越来越强调"以人为本"，注重情感教育价值的实现，任何类型的教育都将是否实现情感目标作为教育成功与否的一个重要衡量尺度。要成功实现教育的情感价值目标，教师的专业情意是关键，其在教学中对激发学生的学习兴趣和动机、生成有效教学情境、创建平等和谐的教学气氛、优化学生情感品质、塑造良好个性、提高教育教学质量等有着不容忽视的作用。"双师型"教师的专业情意集中体现在专业理想、职业道德和专业性向这三个维度。专业理想是教师专业素养发展的内在动力和灵魂追求。所以，拥有专业理想的"双师型"教师就会致力于改善其自身的教学素养，致力于统筹教育素质以满足社会对教育专业的期望，努力提高专业才能及专业服务水准，努力维护专业的荣誉、团结、形象等。

职业道德是职业品德、职业纪律、专业胜任能力及职业责任等的总称，属于自律范围。学高为师，德高为范，这是教师风范的典型写照。因此"双师型"教师自身只有具有良好的道德品质和爱岗敬业精神，才能为人师表、以身作则，感染熏陶出具有较高道德素质的职业技能型人才。专业性向是教师在从事教育教学工作中所散发出来的人格特征或个性倾向。专业性向的形成和发展是"双师型"教师由不成熟的专业状态到达专业成熟状态的标志。稳定的专业性向标志着"双师型"教师独特教学风格与个人特色的形成，是实现专家型"双师型"教师专业自主的基础。

四、中职学校"双师型"教师专业发展的特殊性

中职学校的办学宗旨、人才培养目标和规格及教育教学过程均有着自身鲜明的特色，这从根本上决定了中职学校"双师型"教师的不可替代性及其专业发展的特殊性。具体而言，中职学校"双师型"教师专业发展的特殊性表现在以下三个方面。

（一）教育性与职业性相统一

中等职业教育秉承"以服务为宗旨，以就业为导向，以能力为本位"的办学指导思想，将职业岗位素质能力教育作为教育教学核心，旨在使培养的学生符合职业岗位能力要求，具备较强的职业岗位适应能力及持续发展能力。因此，中职学校以培养特定的职业能力为目的，必须在人才培养过程中突出"职业性"，针对专业特点，把职业素质能力教育贯穿于教育教学的全过程，使毕业生除了扎实掌握职业岗位所需的基本技能，还要具备较强的操作技能、组织能力和处理突发事件的应变能力，以促成学生的职业成长和职业发展。特殊的教育目标决定了其对师资的特殊要求，中职学校"双师型"教师要想胜任以职业能力教育为核心的教育教学岗位，其自身也就必须具备较深厚的相关职业专业知识、职业专业技能及对学生进行职业指导的知识、方法和职业道德素质等，这无疑使得中职学校"双师型"教师的专业发展要同时兼顾教育能力与职业能力，从而实现教育性与职业性的统一。

（二）理论性与实践性相统一

"以职业素质能力教育为中心"的中职教育，其专业及课程设置必然区别于"以学科为中心"的普通教育，是以职业岗位群所需的能力结构体系为依据进行设计组织的。中职教育的专业教学以技能的习得为实际目标，以职业技能强化训练为重中之重，强调与职业现场生产活动相结合，强调"学""做"结合，从"做"中"学"。所以区别于专业理论教师和专业实践教师，系统的专业理论知识，娴熟的专业实践技能、较强的理论联系实际能力、丰富的实践经验和较强的学生实

习指导教育能力等应是"双师型"教师职业素质的主要特色。

因此，"双师型"教师的专业发展特别强调企业实践经验，以凸显职业教育的实践性、应用性及服务社会生产发展的特征。在"双师型"教师的资格认证中，一些地区会对专业实践工作经历提出更多要求，例如，对中级"双师型"教师要求在企业生产、建设、管理、服务第一线累计有二年以上专业工作经历，对高级"双师型"教师要求在企业生产、建设、管理、服务第一线累计有三年以上专业工作经历等。

（三）专业性与综合性相统一

"双师型"教师作为职业教育特有的师资类型，既与普通教育的一般师资有着本质的区别，也与职业学校其他类型的职教师资有着职能上的差异。这种区别与差异集中体现在职业能力要求上。相对于普通教育师资和其他类型职教师资而言，对"双师型"教师有着更高的综合职业能力要求，要求其在专的基础上还要全，具有综合性人才的特征，因此，中职学校"双师型"教师的专业发展所涉及的职业能力范围更广。

首先，为了应对产业结构的调整、优化升级及科技日新月异的发展，适应市场行业的人才需求，中职学校"双师型"教师必须与时俱进，不断更新知识技能，以便有足够的能力来应对这种专业任务的多变性，培养出符合市场需求的人才。

其次，由于中职学校教育对象的特殊性及职业教育过程的复杂性、综合性、实践性等特征和"双师型"教师本身所肩负的任务的多重性，"双师型"教师的工作极具复杂性、综合性和灵活性。其工作范围不只限于课堂，而是奔走于课堂、企业、实习基地之间；工作内容不局限于理论教学，而是要将专业理论与专业实践相结合，将职业知识与教育知识相结合等，这就决定了"双师型"教师专业发展内容的广泛性及复杂性。

最后，"双师型"教师还必须具备较高的教育教学转换能力，能机制灵活地将理论联系实际并将职业知识技能有机融合于教育教学过程。另外，"双师型"教师的教学能力还体现在教师能结合相关专业的市场调查与分析、行业与职业岗位群分析，及时调整和改进教学培养目标、教学内容、教学方法、教学手段，注重培养学生的综合职业能力。由此可见，"双师型"教师教育教学过程更具挑战性和复杂性，这就要求"双师型"教师在专业发展过程中要更加注重教育教学能力的提高。

五、中职学校"双师型"教师专业发展的责任担当

（一）提升职教师资素质，顺应教师专业化发展趋势

由于我国专门培养职业教育师资的师范学校较少，因此中职师资多是普通高校毕业的学生或从相关企业转行成为教师的人。从能力素质结构而言，他们很难同时适应专业理论教学和专业实践操作教学，致使职教师资队伍存在先天不足。加之目前我国"双师型"教师的资格认证、评聘制度等存在的问题，导致中职学校的"双师型"教师后天发展欠佳，整体素质不高，结构不合理，不能适应中职学校发展对师资水平的要求。另外，凸显和推进教师职业专业化是教师教育改革和实践的核心，也是社会对教师的要求之一，"双师型"教师的专业发展就是社会对职教师资在专业化过程中提出的更高要求。

"双师型"教师的专业发展就是立足于每一个"双师型"教师个体的专业成长和发展，将致力于促进教师职业能力提升的所有职前教育与在职进修培训等贯穿于整个教师职业生涯中，使教师通过不断学习与探究来丰富专业内涵，强化专业素质，提高教育教学能力，拓展职业能力，由专业不成熟发展到专业成熟，在此基础上"以点带面，以一带百"，推动"双师型"教师整体的专业发展，逐步提升整个师资队伍素质，最终构建一支呈高层次梯形结构的职教师资队伍。因此，"双师型"教师的专业发展无疑是中职学校应对职业教育教师专业化更高要求与挑战的最积极、最有效的措施，其肩负着成就高水平、高素质、优结构的职教师资队伍的历史使命，有重要的战略发展意义。

（二）凸显职业教育特色，提高中职学校的办学成效

"双师型"教师是职业教育师资队伍建设的一大特色，是由职业教育的培养目标和培养模式决定的。中职教育的培养目标是"以能力为本位，以就业为导向"，面向基层培养具有综合职业能力的能在生产、建设、服务和技术第一线工作的应用型人才，因此中职学校的课程设置及教学模式以实践性、专业性和基础性为导向，采取工学结合、校企合作的培养模式，使学生能在掌握基本专业理论的基础上，通过实践操作训练，熟练掌握专业操作技能，胜任岗位工作，达到中职教育的培养目标及用人单位的录用标准。要培养出既懂专业理论又具有实际动手能力的高素质专业技能型人才，满足社会发展需求，教师是关键，学深艺高的"双师型"教师更是关键中的关键。因为高素质的"双师型"教师不仅具有扎实的专业理论知识，还具有娴熟的专业实操能力，更重要的是具有丰富的教学经验，能够

在理论教学中密切联系实践，在实操过程中遵循理论的指导性，将理论教学与实践教学有机结合，融会贯通，保证学生所学知识的连贯性与整体性。

理论联系实践、产学研结合是实现教学改革的重要途径，能够帮助学生改变旧有的教育观念，提高学生对实践的认识，培养学生的实践精神，有助于提高学生的教学效果。因此，"双师型"教师的专业发展至关重要，它对推动中职学校更快建设高素质"双师型"教师队伍，优化职业教育课程，突出学校的教学特色，提高职业教育的实效性，促进职业教育可持续发展，具有深远的意义。

（三）参与职教课程改革，实现中职学校的持续发展

专业是学校建设的核心，而课程是专业建设的核心，因此，"双师型"教师作为中职学校办学的中坚力量，应该积极参与职业教育课程改革及专业建设，这对推动我国职业教育的可持续、内涵式发展起着至关重要的作用。

一方面，"双师型"教师应具有较高的课程参与综合能力，要以先进的课程理念为指导，以专业课程方案的整体框架为依据，积极主动地全程参与课程的开发、决策、实施及评价等环节。课程改革的进程与发展离不开教师的专业发展，且在改革的过程中，它们彼此影响、相互制约。从某种程度上来说，改革的关键就在于教师能力的改革，课程改革的过程就是促进教师专业发展的过程。在此过程中，"双师型"教师以其专业发展实现能力重构为课程改革提供重要支撑及发展活力，课程改革也为其专业发展提供机遇与动力，促进其专业发展。

另一方面，职业教育的专业建设不同于普通教育的"学科模式"，它是以职业能力为导向的"能力中心"模式，在此模式下的课程设置与教学内容有特别强的行业针对性与实践应用性，因此必须有一批既懂专业知识与技能，又懂教育教学规律的高素质"双师型"教师参与才能保证专业建设达标。

第二节 中职学校"双师型"教师专业发展的现实审视

积极推进"双师型"教师的专业发展，构建高层次梯队形的"双师型"师资队伍是凸显中等职业教育办学特色，推动与落实中等职业教育、可持续发展的首要条件，因此只有摸清中职学校"双师型"教师的专业发展现状，明确已有成效，剖析存在的问题，有的放矢地以问题为改进与完善的切入点，才能对症下药，构建起中职学校"双师型"教师专业发展的有效路径，进而推动中职教育的深入发展。

一、中职学校"双师型"教师专业发展的成效

近年来，在国家大力倡导发展中等职业教育，深化中等职业教育改革的时代背景下，中职学校的师资队伍建设日益受到重视，尤其是"双师型"教师作为中职教育实现内涵发展、质量提升、效益与特色突显的中坚力量，更是受到了前所未有的重视，国家采取了一些措施致力于推动"双师型"教师的专业发展，就目前情况而言，主要取得了以下的成效。

（一）"双师型"教师专业发展内容变得明确

近年来，不仅国家在各种职业教育文件中明确提出了对职业教育"双师型"教师的素质标准要求，各地方也以国家对"双师型"教师的素质要求为依据，结合本地区职教师资的实际情况，对"双师型"教师的任职资格提出了资格要求，制定并颁布了中等职业学校"双师型"教师认证标准及程序，开展了"双师型"教师的资格认证工作。这不仅使"双师型"教师的资格认定有了科学规范的操作标准，而且也使准"双师型"教师或想向更高层级发展的教师可以对照认定标准中对"双师型"教师专业素养的要求，明确自身还需通过专业发展来充实的知识与提高的素养。

（二）"双师型"教师专业发展氛围较为有益

各中职学校和相关教育部门着眼于促进中等职业教育全面协调可持续发展，必须充分认识到加强"双师型"教师队伍建设的重要意义。因此，中职学校"双师型"教师队伍建设被予以前所未有的重视，伴随"双师型"教师认证工作的大力开展，各地中职学校的"双师型"师资队伍迅速壮大。群体规模的形成无疑会产生规模效应，使个体的专业发展有更为有益的环境和制度保障。另外，群体自身发展目标的一致性、群体规范、群体凝聚力、社会助长等群体效应不仅可以使个体的专业发展顺利地向纵深方向推进，还可以将不同个体的影响不断扩大，使更多个体获得更广泛的支撑与帮助，助长其专业发展。

（三）"双师型"教师专业发展形式较为多样

为了以专业成长为抓手，促进"双师型"教师队伍的发展，带动学校教学质量的提升，相关教育部门和中职学校都不同程度地加大了对"双师型"教师培训的经费投入，以搭建平台、提供服务，创新和落实培训工作，促进"双师型"教师的专业发展。在此背景下，旨在促进"双师型"教师专业发展的多种培训工作

开始推进，例如，旨在提高教师学历的在职进修、骨干教师培训、校本研修、学校培训、下企业顶岗实践及专门为"双师型"教师组织的培训等，这使得教师专业发展的形式变得多样，一大批高素质的"双师型"教师正在成长起来。

（四）"双师型"教师专业发展活动得到重视

伴随着"双师型"教师队伍的不断壮大，目前各地、各中职学校都逐渐开始建立包括引进、聘任、推荐等多种形式在内的任用制度和日常管理制度来加强对"双师型"师资队伍的有效管理，以保障其稳步发展。例如，重庆市规定，每年受理一次教师认证申请，对经认证取得"双师型"教师资格的教师纳入市"双师型"教师资源库管理，每三年应申请晋级认证或复审认证，对复审不再符合条件者，取消其"双师型"教师资格；对取得高级"双师型"教师资格者，市教委将给予一次性奖励，同时要求各学校加强"双师型"教师激励制度建设，把加强"双师型"教师队伍建设工作与学校的评先评优、专业技术职务评聘、绩效工资发放等工作结合起来。这些激励措施在一定程度上可以提升"双师型"教师对专业发展的重视度，激发及调动起"双师型"教师专业发展的积极性。

二、中职学校"双师型"教师专业发展的问题

近年来，中职学校"双师型"教师队伍建设日趋成熟。从整体上而言，"双师型"教师数量不断增多，来源渠道不断拓宽，年龄结构、职称结构、学历结构渐趋合理；从个体发展方面，相关部门及学校也积极采取了一些措施，如规范资格认证标准、推进"双师型"教师培训、建立任用管理制度等来促进"双师型"教师的专业发展。虽然这些措施取得了一定的成效，但中职学校"双师型"教师的专业发展仍存在一些突出问题，亟待得到关注与解决。

（一）"双师型"教师专业发展意识须强化

自我专业发展意识只是个体基于现实的需要，对照专业发展要求而形成的对自己未来发展目标的系统化、理论化的认识，教师的专业意识指导着教师的行动，如果教师缺乏在专业发展上的这种自我意识，就很难有对理想的追求，也就难以有自我潜能的挖掘，同时也不可能有教师专业的快速成长。因此，教师专业发展意识的强弱直接决定着其专业发展态度、专业发展行为和专业发展所能达到的状态。目前，部分中职学校"双师型"教师存在对自身专业发展认识不清，专业发展意识薄弱的情况，其主要表现在以下几方面：

第一，部分中职学校"双师型"教师对专业发展的内涵与特点认识不够，不是很清楚自身专业发展的情况与改进方向。尽管目前"双师型"教师认证、培训工作已逐步开展，但由于认证制度还未能得到更好地宣传与普及，加之教师受普通教育观念、模式等影响较深，所以部分中职学校"双师型"教师还不能完全掌握及适应自己的专业特性。

第二，部分中职学校"双师型"教师对专业发展的态度不够积极与主动。随着中职学校"双师型"教师资格认证工作的深入开展以及"双师型"教师队伍建设达标在学校考评中发挥的作用，一些学校为了培养更多的高素质"双师型"教师，采取很多措施来帮助老师提升专业素质能力，但实际实施起来也面临一些困难，其中有一些是来自教师自身的阻力。最主要的就是部分教师自我提高与发展的态度不够积极和主动，他们认为只要能胜任现有教学要求，或达到"双师型"教师标准就行，因此他们不是以各种理由推辞，不参与培训或实践锻炼、集体学习，就是以应付了事的态度来对待，导致很多耗费经费、耗费人力的措施并没有达到预期效果。

第三，部分中职学校"双师型"教师没有具体的专业发展规划与目标。没有具体的专业发展规划与目标，就会导致专业发展思想上的松懈，从而缺乏实现目标的内在驱动力并且容易错失发展的机遇及条件，这样就很难获得专业上的成长与发展。一些教师处于目标不明确的状态，并没有过多考虑其专业发展目标，对其职业发展生涯也没有较具体的规划，或认为能胜任目前的教学任务与要求就行，因此既没有明确的专业发展目标，也没有制订具体的专业发展规划。

此外，较强的职业认同感、职业自信心及职业荣耀感是从业人员追求专业发展，获得工作成就感的坚实心理基础，对专业发展起着根本的促进作用。"双师型"教师更是如此，如果"双师型"教师专业发展所必需的职业认同感、职业自信心及职业荣耀感等不强，就会影响其专业发展。

（二）"双师型"教师专业知能结构须完善

合理的知能结构既是中职学校"双师型"教师区别于普通教师的重要方面，也是培养适应现代社会发展和职业岗位需求人才的必需条件。中职学校"双师型"教师合理优化的知能结构应该是既懂专业理论，专业实践，又懂教育教学，并能将三者融会贯通。然而，调查发现，目前一些"双师型"教师的知能结构还没有达到这种要求，其主要表现在以下几方面：

第一，学科专业与教育专业之间的结构失衡。职业教育教师个体专业发展的一个重要体现是学科专业与教育专业均应得到适切的发展，并在两者之间保持合理的张力。然而，部分教师在这两种专业知能的掌握上存在厚此薄彼的问题，其过于注重对专业知识与技能的掌握，将专业发展定位在"学科专业"上，而忽视对教育教学理论及技能的掌握，没有更好地意识到教师职业发展的专业性，从而造成不能很好把握中职教育教学的特殊性与复杂性，教学转化能力相对较弱。

第二，理论知识与实践技能之间的结构失衡。教师如果没有企业实践经历，那么虽然课程讲得很深入，但是没有融入系统的岗位能力，培养出来的人还是"应试型"的。所以应该通过产学合作的方式培养职业教育教师，如此才能培养出适应流水线作业需要的、能够直接顶岗工作的技能型人才。

从资质要求而言，虽然对"双师型"教师也有在企业生产、建设、管理、服务工作过的第一线专业工作经历的要求，但是在实际过程中，由于受限于各种主客观原因，部分教师尤其是初级"双师型"教师专业知识结构的实用性和实践性还不理想。造成这一现象的原因主要有两个：一是目前中职学校专业课教师的来源比较单一，多是从学校毕业后直接走上讲台，实践工作年限非常有限，而且一些学校的教学模式存在重理论、轻实践的倾向，不利于教师职前专业素养的形成与职后专业素养的提升；二是当前教师到企业实践锻炼的机会和时间不足及在职培训中对实践技能方面的培训力度不够，教师最缺乏的是专业实践操作技能和经验以及指导学生进行专业实践操作的能力。可见，实践操作技能的欠缺不仅表现在专业实践能力上，也表现在教育教学实践能力上，很多教师很难将教、学、做一体化落到实处。

（三）"双师型"教师专业发展途径须拓展

虽然，目前教育相关部门和学校都在积极采取措施来加强对"双师型"教师的培训力度，促进"双师型"教师专业素质和能力的提升，但是由于各种原因导致培养培训制度的科学性、整体性、系统性和保障性仍旧不够，各类培养培训措施的有效实施性及全局执行性问题突出，实施效果大打折扣，主要表现在以下方面：

第一，师资培训渠道不畅通，学校、社会、企业三方合作培训的机制还需完善，培训场所还需拓宽。校企合作的深度和广度不够或学校产教研的发展模式还没有完善等导致其社会服务能力不强，一些企业和社会机构在"双师型"教师培训中的参与合作度不高，除了客观条件限制外，不鼓励教师到企业实践锻炼，并且人为地设置岗位限制或人数资格限制，所以教师能真正进入关键工作岗位或高层次培训基地进行专业技能学习锻炼与提升的机会很少。

第二，师资培训经费不充足，难以为培训提供必要的设备、场所和师资保障及教师培训津贴，使得很多培训要求难以落到实处。

第三，师资培训模式单一，培训内容缺乏合理性，对口专业培训较少。师资培训多是采取班级授课，集中培训的组织形式进行，且教学内容陈旧，教学方法单一，很难进行针对性的差异化教学。

第四，师资培训的机遇不均等。由于"双师型"教师数量不足，生师比超标，因此导致每个"双师型"教师教学任务重，很少有时间去参加各种在职培训或企业实践，即使有培训，一般也是短期培训，长期培训或脱产学习机遇很少。虽然一些学校在态度上很支持教师参加培训或下企业实践，每年也会安排教师参加培训或实践锻炼，但时间都很短，教师专业能力很难得到实质性的提升。专业能力的提升不是一朝一夕的，而是一个长期的过程，但是一些学校无法完全放开时间让每个想去的教师都去培训锻炼，因为他们担心放开时间，放开资格，学校的专业教学就无法正常运行，因此师资培训无法取得好的效果。

（四）"双师型"教师专业发展动力须增强

"双师型"教师专业发展动力不足的一个重要原因就是目前对"双师型"教师发展的考核、激励、评价及日常管理的相关制度还不够健全，主要表现在以下方面：一是在专业发展过程中，忽视教师专业自主发展的需要。例如，教师一般都只有按照学校或上级部门的安排去参加培训或实践，基本不能自主选择进修或培训的课程、时间及形式等，基本上也不能按照自己的喜好与专长自主选择想要任教的专业课程，这在一定程度上制约了教师专业发展主观能动性的发挥。二是对"双师型"教师专业能力提升与发展的考核评价、激励制度还不完善。尽管一些地区的学校就"双师型"教师的发展提出了一些激励措施，但对"双师型"教师的考核评价还没有形成比较有效的针对性很强的考核标准体系和指标体系。此外，由于执行过程中的复杂性及落实程度等因素，一些教师对目前现有的考核评价和激励机制的满意度并不是很高，因此对其专业发展的外在驱动力还不够，还有待进一步完善。

（五）"双师型"教师专业发展能力须加强

专业发展除了受个体意识、态度、动力等心理方面的影响和个体的主客观努力程度的影响外，个体获得专业发展的相关能力素质也是一个重要影响因素，是影响专业发展的客观条件。制约中职学校"双师型"教师专业发展的相关能力素质具体包括两个方面：一是专业发展基础薄弱。产业调整升级的快速推进及科学技术的更新换代，要求培养的技能型人才的"双师型"教师不仅要有知识上的厚度还要有知识上的前沿性；不仅要有技能上的精湛度还要有技能上的先进性。但目前"双师型"教师职前培养的学科性和学术性倾向及职后培训的不完整性，导致其专业知能结构不平衡、自我专业发展基础薄弱、主体教育教学能力不强等。二是创新教学能力和科研能力不强。具备较强的创新教学能力和科研能力是教师进行专业反思，获得专业自主，走向专业成熟，成为研究型、专家型教师的必经之路，然而受制于中职学校教师自身学历、科研意识、中职学校办学功能及目标、教研氛围等条件，且"双师型"教师自身的创新教学能力和科研能力也相对较弱，这在一定程度上阻碍了其专业发展。

教育科研对教师专业理论水平的提升、专业知识的深化、专业技能的拓展及专业素养的强化都有很重要的促进作用，是教师专业发展能力的一个重要体现，较强的教育科研能力标志着教师已具备较强的自我反思能力、探究创新能力，预示着教师专业自我的形成及专业发展状态的成熟。因此，从一定程度上而言，科研能力的强弱决定着教师专业发展的方向。然而目前，一些中职学校的"双师型"教师教育科研意识和能力还不高，这主要是因为：一方面，当前中职学校"双师型"教师数量不足，其教学任务重，无心顾及与参与深层次的教育科研活动；另一方面，中职学校"双师型"教师缺少具有高学历的教师，其科研意识及对教育教学活动进行反思以及发现和分析问题的能力还需提高。因此，虽然国家及各地在"双师型"教师的素质要求中明确提出了对相关科研能力的要求，但目前中职学校的"双师型"教师主动积极地发表学术论文，或参与技术应用研究，或进行教学创新性研究的人数并不多。由此可见，教师教育科研能力还有待进一步提高。

第三节　中职学校"双师型"教师专业发展的路径

在掌握中职学校"双师型"教师专业发展的现状与问题之后，需要对深藏在问题背后的影响因素进行探究与澄清。这既是对现存问题的进一步反思，也是对症下药，提出对策建议和发展路径的前提基础。只有系统分析这些影响因素并找到产生问题的根结所在，我们才能有针对性地提出相应的对策和路径，提高"双师型"教师专业发展的时效性，从而更好地促进中职学校的内涵式发展。

一、中职学校"双师型"教师专业发展的影响因素

影响中职学校"双师型"教师专业发展的因素主要包括以下几方面。

（一）教师自身因素

根据唯物辩证法可知，事物的发展虽是内外因共同起作用的结果，但内因是第一位的，是事物发展的源泉和动力，是事物发展的根本原因，决定着事物发展的基本趋向，外因只起加速或延缓的作用，并且外因只有通过内因才能起作用。因此，"双师型"教师的自身因素才是决定其专业发展广度与深度的最根本的影响因素，必须加以重视和研究。教师的自身因素包括教师个人的生活背景、对教育问题的已有观念和取向及在个人专业发展问题上的态度等。教师的个人因素既是教师专业发展的现实基础，也在根本上影响着教师个人的发展轨迹。

（二）社会环境因素

社会经济文化的发展水平，社会对于教育与教师的地位与价值的认知和看法，教育改革与发展对学校教育和教师的要求，教育行政部门对教师培养和发展的政策导向、奖惩机制等，均作为社会环境因素影响着教师的成长，特别是教师的专业发展。在所有社会环境影响因素之中，对中职学校"双师型"教师的专业发展影响最大的是社会对其地位与价值的认识和国家的相关政策与制度。

（三）教育系统因素

教育系统作为教师专业发展的内部环境，相对于整体社会大环境而言，其对教师专业发展的制约与影响作用更为明显。立足"双师型"教师的专业特性，结合中职学校的办学特色，中职学校"双师型"教师专业发展在教育系统内部的影响因素主要包括培养体制、学校人文氛围、"双师型"教师资格认证标准及评价、管理制度等。

二、促进中职学校"双师型"教师专业发展的有效路径

下面以中职学校"双师型"教师专业发展的理性诉求为依据，立足现实状态，从其影响因素的维度出发，探讨促进"双师型"教师专业发展的有效路径。

（一）生成"双师型"教师专业发展的内在机制

职业教育"双师型"教师专业发展的自我管理，即职业教育"双师型"教

师对自我愿望、需要、实践和追求的不断完善。这也是完善职业教育"双师型"教师专业发展的有效途径。其中，自我管理有两个核心因素，即专业发展自主意识的确定和专业发展自主能力的养成。只有同时具有专业发展自主意识和专业发展自主能力的职业教育"双师型"教师才能自觉地不断促进自我专业成长，而专业发展自主意识和专业发展自主能力的大小又依赖于教师自我反思能力的强弱和拥有专业发展自主权的程度。因此，要想强化教师个体的自我管理，就需要教师和学校共同努力。

1. 加强"双师型"教师的自我专业反思

教师专业发展的过程就是教师自我专业反思的过程，自我专业反思被广泛看作教师专业发展的决定性因素。不断进行自我专业反思是教师个体加强自我管理的必然途径，对于中职学校"双师型"教师自身而言，需做到：一是在自我专业反思中，要正确认识与把握其自身在专业发展过程中的角色地位，既要看到在专业发展过程中自我扮演的角色及所承担的社会责任，按要求不断成长以满足教师职业专业化的外在需要，又要看到在专业发展过程中自我出于职业良心或自我价值实现需要而必须不断追求专业发展的内在需要，并将专业发展定位于自我价值实现的内在需要，这样才能最大限度地投入专业发展。二是在自我专业反思中，要清晰认识到"双师型"教师对于职业教育乃至整个社会的价值与意义，在较强的职业认同感、职业自信心及职业成就感下意识到自己所肩负的专业发展责任，从而坚定专业志向，使专业发展自觉化，进而强化自我专业发展的需求与意识，确立稳定的专业发展目标，制订出具体的专业发展规划，并在不断地反思与调整中把握自己专业发展的方向与路径，逐步达到专业发展的成熟状态。三是在自我专业反思过程中，要不断发现问题、解决问题，树立起终身学习的科学理念，养成自主学习与发展的习惯与能力，通过教学反思、培训活动、下企业实践、参与专业建设及课程改革及教育科研等专业活动来提高自身的"双师"能力和素质，满足甚至超越现有教学要求，形成灵活机智、独具特色的教学风格，从而实现专业自主发展。

2. 尊重"双师型"教师的专业自主权

教师的专业自主发展是一个有意识的、持续的、系统的过程，主要强调个体的、内在的专业化程度提高。专业自主是教师本人对专业发展的自主意识和主动性的凸显，是教师专业发展的创造性、多元性和差异性的体现，是使教师最终获得其专业满足感和自豪感的驱动力。对专业自主权的强调是针对传统的在教师专业发展过程中过多强调教师专业发展的责任与义务而忽视教师专业发展的权利与选择自由而言的，强调的是教师自身在专业发展过程中的主体性、能动性及积极性。因此，对于学校管理层面而言，要"以人为本"，改变以往行政命令式的管理方式，建立民主和谐的弹性管理制度，向教师赋权，充分相信教师具有专业发展的自我意识及方向与能力，尊重教师专业发展的自主权，给予教师一定的选择权，诸如专业发展过程中课程、内容、方式的按需自主选择权等，以使教师在民主的管理环境中朝着自己的专业发展目标迈进。

（二）催生"双师型"教师专业发展的内在动力

随着各中职学校"双师型"教师队伍的不断壮大，部分学校或地区已经逐渐由追求"双师型"教师数量上的达标向追求"双师型"教师质量上的升级转变，在此过程中各校采取了一些手段来推动"双师型"教师职业能力的提升，但多是一些简单的督促手段和硬性规定，如安排教师参加各种培训、要求教师每年要发表几篇科研论文等，可实施下来的结果却多是流于形式，收效甚微，事倍功半，很多教师以应付的姿态对待各种专业发展任务，缺少主动性与投入性。当然导致这种现象出现的原因很多，但最根本的还是教师缺少专业发展的内在动力。催生"双师型"教师专业发展的内在动力具体而言可从以下几方面进行：

1. 提高"双师型"教师的专业地位

专业地位的高低直接影响着从业人员专业发展的主动性和积极性，因此无论是就中职学校还是就"双师型"教师而言，积极主动地参与"双师型"教师专业发展的很大一部分动力来自社会对教师职业的认同度及对教师专业地位的肯定度等社会文化氛围。

要促进中职学校"双师型"教师的专业发展，提高其专业地位和社会地位是首当其冲的。为推动中职学校"双师型"教师的专业发展，必须为其创建良好的社会舆论导向。对于国家和社会而言，必须做到通过媒体宣传、政策导向、制度建设、资金倾斜等宣传和引导方式尽快改变重学轻术的传统观念，使人们树立现代人才观，正确认识技能型人才在社会主义建设中不可或缺的地位及职业教育在提高社会生产力上的基础性地位，进而认识到中职学校"双师型"教师在社会发展中的价值和意义，使"双师型"教师的专业发展能够处在一个尊师重教的良好社会舆论与政策环境氛围之中，在获得较强的职业认同感和职业自信心的基础上增强以自我发展、自我价值实现为愿景的专业发展吸引力，在确保"双师型"教师队伍稳定的基础上吸引更多优秀人才加入其中,以提高专业发展的基点。

2. 激发"双师型"教师的发展动力

学校、教师、学生共同成长是所有学校的共同追求。教师的成长可以极大地带动学校和学生的发展,而学校、学生的成长又可以促进教师的成长。学校成长、教师成长、学生成长是一个"三向适应"的过程。因此,中职学校应充分重视"双师型"教师的专业发展,主动承担起在教师专业发展过程中的责任,而不是将教师的专业发展与学校、学生的发展割裂开来,将其视为教师个人的事。具体而言,一是学校要以专业能力提升为抓手,以提高教育质量为目的,将"双师型"教师专业发展融入学校的发展规划之中,为其提供制度和组织上的保障。二是要正确引导教师树立科学的专业发展意识与规划,将个体的专业发展融入学校的发展与学生的发展之中,以促进学生和学校的发展为导向,在强大的专业发展组织氛围气场中,激发专业发展的强烈需求与愿望,最终实现自身、学校和学生的共同发展。

(三)彰显"双师型"教师专业发展的模式特色

教师的培训是教师进行专业发展,实现专业发展目标的关键路径,因此要促进"双师型"教师的专业发展,创设"彰显职教和双师特色"的培养培训课程与培训模式就显得十分必要。

1. 构建"多性统筹兼顾、能力本位导向"课程模式

在"多性统筹兼顾、能力本位导向"的课程设置模式中,课程板块由专业类课程、教育类课程和通识类课程三大基本板块组成。所谓"多性统筹兼顾"是指在这三大类课程板块设置过程中要遵循一体性、融通性、实践性、先进性、阶段性等基本原则。所谓"能力本位导向"是指无论是在教育类课程、通识类课程还是专业类课程的设置过程中都应该从职业岗位需要的核心出发,以能力作为课程设置的基础,突出职业能力培养,确定各类课程所要达到的能力目标。以三大基本课程板块为基础,以"多性统筹兼顾、能力本位导向"为指导,中职学校"双师型"教师专业发展的培养课程设置应做到以下几方面:

第一,在课程设置时,要注重教师教育目标的一体化和课程内容的一体化。教师教育目标的一体化是为了统筹规划教师教育各阶段和各层次应该达到的水平或标准。课程内容设置的一体化是指在设置课程内容的时候要注意对教师职前和

职后教育进行全程规划，建立起教师教育的各个阶段既相互衔接又各有侧重的一体化课程体系。

第二，在课程设置时，要以"学科渗透"思想为指导，淡化学科界限，从整体上综合统筹与把握各个学科或各种知识与技能之间的内在有机联系，通过综合实践活动、主题教学等方式将各学科知识统整起来，有机融合，实现课程内容之间的融通性，以达到培养具备较高综合素质的职教师资人才的目标。

第三，在课程设置过程中，要注重课程教学内容的生活化、情景化、社会化、操作化等特征，以适应职业教育教学的实践性和应用性要求。

第四，在课程内容设置时，要在稳定性的基础上不断结合知识、社会及专业发展的新要求并及时进行知识更新，保证课程内容的社会适应性和前瞻性。

第五，在课程内容设置时，还必须根据教师所处发展层次与发展阶段的不同而分类设置具有阶段与层次的阶梯式课程内容。根据对中职学校"双师型"教师专业发展素养准备阶段、新手阶段、熟练阶段及专家阶段四个阶段的具体划分，"双师型"教师专业发展过程中的课程设置也应根据各阶段教师专业发展的需求有针对性地分为四个层次：为达到上岗要求而进行的职前教育课程；为适应岗位要求，胜任教学而进行的入职教育课程；为克服发展高原期，提升能力素养的职中提高课程；为提高教研能力，成为专家教师而进行的拓展课程。

第六，无论是职教师资的职前培养课程还是职后培训课程，都应该以职教教师职业能力标准作为课程设置的出发点，重视职教教师实践性职业知识与技能的形成与培养。具体而言，可以在课程开发与设计过程中聘请一些行业和教育专家共同组成课程开发与设计专家委员会，以对职教师资工作分析的结果为依据，确定职教教师职业岗位群的需要，并以此为综合职业能力标准，层层分解，最终确定职教教师所需具备的各项职业能力，再由相关课程设计的机构或单位将其转化为相应的模块化课程内容或课程单元，最后还要对课程实施效果进行评价以再做改进。

2. 创设"多管齐下、多方合作、互助发展"培训模式

"双师型"教师职前培养作为使相关人员具备教师资格的学历教育，隶属于教育体系内部的正规教育，有其相对固定完备的教育教学制度与模式。在职培训是促进"双师型"教师专业发展的基本途径。它是侧重于再造性、补缺性、更新性的教育：一方面要帮助教师更新知识和技术；另一方面要帮助教师矫正不恰当的教育观念、教育方法和教育技能。同时，处于不同发展阶段和专业领

域的教师有着需求上的较大差异，因此要有效提升在职培训的效果就必须针对不同个体的不同需要实施有针对性的差异化培训，做到多管齐下、多方合作、互助发展。

（1）加强校本培训模式

在校本培训模式中，学校要充分考虑到教师专业发展的差异化特征，提供可供教师选择的多样化的培训组织方式，满足不同教师的专业发展需要。具体可通过"走出去"和"引进来"两条基本途径来实现："走出去"即学校在关照教师自己意愿的情况下，通过安排教师下企业顶岗锻炼、到名校学习等方式组织相关培训；"引进来"即学校可定期聘请一些专家、企业精英、"双师型"名师等，通过专题讲座、教学研讨、师范交流、现场指导、案例讲学等方式来为教师提供更充分的校本学习资源和机会。

（2）深化学校联动培训模式

学校联动培训模式主要是指包括普通高校、职业技术师范学校和高等职业学校在内的高等学校对中职"双师型"教师实施培训的一种培训模式。学校联动培训模式，一方面可以充分利用高校的课程教学资源、学科优势资源、优秀师资资源及教育科研资源提高培训的有效性；另一方面也可以充分实现"双师型"教师的中高职贯通培养，充分发挥高等职业学校"双师型"教师培训的龙头作用，为中职学校"双师型"教师提供学习发展的先进榜样与发展平台。

（3）创新校企合作培训模式

校企合作、工学结合培养模式不只是就职校学生的培养而言的，对职校教师的专业发展同样有着重要意义。因此，要创新校企合作培养模式，建立健全校企合作培养师资的长效机制就必须做到四个方面：一是要进一步认识到校企合作培训模式的重要性，其不仅可以提高教师的实践培训能力，还可以使教师更深了解企业对人才的知识技能需求及企业文化，这样教师在教学过程中就可以对照企业的用人标准检查自己的教学效果，改进教学；二是要通过现场观摩、上岗操作、模拟教学等多种形式下企业、实训基地实践，以掌握相关专业领域的新方法、新技能、新工艺、新设备等前沿发展动态；三是要深化与拓展校企合作的广度与深度，加强产学研一体化的校企合作培养模式建设，以为师资培训提供更广更高的平台；四是要聘请相关企业专家到校对教师的专业教学活动提供指导和建议，以使教师的专业实践教学更贴近企业实践要求。

（4）改进师徒制帮带培训模式

师徒制帮带虽是一种传统的教学培训模式，但就"双师型"教师而言却是一种帮助其快速成长、实现专业发展的重要途径。这种模式是采用导师带徒弟的方法，进行的是个别辅导，主要是为了让教师不走弯路，快速成长，其运行程序为：确定导师—导师根据徒弟的实际制订培训计划—考核验收。目前，虽然一些中职学校在"双师型"教师的培养中也采用了这种模式，但缺乏相关制度保障使其收效甚微，要真正发挥出师徒帮带培训模式在"双师型"教师专业发展过程中的作用，还需做以下改进：一是要按照"强弱搭配、自愿结对、按需帮带、能者为师"的原则进行师徒组合；二是要制定明确的奖惩制度与责任制度，签订师徒帮带协议，按双向考核的方式对帮带效果进行考核，以提升师徒的积极性与主动性；三是要按照师徒帮带层次及相应任务制订明晰的师徒帮带目标和计划。

当然，促进"双师型"教师专业发展的培训模式绝不限于以上提到的这四种，它们只是众多培训模式中比较典型的。随着社会科技的发展和教育科学研究的深入，越来越多的诸如远程教育模式、反思模式、特殊教育课程培训模式等培训模式已经被开发出来。要提高"双师型"教师在职培训的效果，促进其专业发展，就必须根据教师实际和教学实际来选择最匹配的培训模式，并在可能的条件下将各种模式相结合以达到扬长避短的效果。

（四）搭建"双师型"教师专业发展的环境平台

如果个体的自我管理、良好的社会人文氛围及新型的培养培训模式是"双师型"教师专业发展路径的主体的话，那么保障机制则是"双师型"教师专业发展路径的外壳。建立合理完善的保障机制是"双师型"教师实现专业发展的先决条件。只有经过全方位考虑构建起多位一体的全面保障机制才能对"双师型"教师的专业发展起到方向指引、协调监控和动力激发的作用。

1. 政策保障

政策在整个保障体系中处于顶层设计的地位，对制度、资金、法律等保障机制有着直接的导向作用。因此，促进与保障中职学校"双师型"教师专业发展首要的就是制定完善的政策体系，例如，制定"双师型"教师认证政策、聘用及待遇政策、职称评定及晋升政策、培养培训政策、继续教育政策、企业学校合作政策等。

2. 制度保障

中职学校"双师型"教师的专业发展还必须配以体系化的相关制度加以规范、引导与保障。首先，要加强"双师型"教师的准入制度建设。中职学校可以通过制定能够具体而科学体现中职"双师型"教师专业素质能力标准的任职资格标准来规范"双师型"教师的引进。其次，要完善"双师型"教师的资格认证制度。中职学校可以通过进一步加强对"双师型"教师内涵和标准及中职学校的办学实践情况等的科学研究，力争制定出更加广泛范围内甚至是全国通用的"双师"资格认证标准，同时还要加大宣传力度，扩大影响，提高"双师型"教师在全社会的认可度。再次，要推进"双师型"教师的考核评价与激励等日常管理制度。在坚持"以人为本"的理念下，中职学校可以针对"双师型"教师制定出相对独立的考核评价标准体系和指标体系，配置以公平公正的职称晋升、人事管理制度，通过建立关照教师需求差异的精神与物质并重的工资福利待遇制度来落实。最后，还要加强"双师型"教师的培训制度建设。中职学校要以高度的责任感进一步认识到培训对"双师型"教师专业能力提升的重要性，加强教师培训工作过程及考核评价、配套资金等的规范化、制度化建设，比如建立培训补贴制度、工学课时转化制度等。

3. 资金和平台保障

充足的专业发展资金和宽广的专业发展平台既是实现教师专业发展的基础，同时也是将各种制度措施落到实处的重要保障，因此为促进中职学校"双师型"教师的专业发展顺利进行，各级教育主管部门和学校应该加大支持"双师型"教师专业发展及"双师型"教师队伍建设的经费投入和平台建设。就经费投入而言，比如建立专项资金，用于"双师型"教师的各种进修培训、教育科研等专业发展活动；规定"双师型"教师建设的资金投入占职教师资建设总投入的百分比；中职学校为"双师型"教师专业发展提供培训补贴、职称补贴、工学课时转化工资制度等。就平台建设而言，比如加大校企合作力度与深度，依托企业整合校内校外实训基地建设；积极开发校本课程、创建精品课程、引领教育科研等来提升教师的专业发展水平；借助相关高等学校或同级学校的学习资源及人力资源拓展发展平台等。

（五）凝聚"双师型"教师专业发展的群体力量

教师参与由同行组成的专业团体有助于他们自身的专业学习，对改进学生的学习方式、促进学生的有效学习也具有积极的影响。因此，教师要实现充分的专业发展就必须借助于群体和团队的力量即专业发展共同体，在这个开放互助的环境中学会分享、交流和合作。所谓教师专业发展共同体是指出于教师专业发展需要建立的，以促进团队成员的共同发展、全面发展为目的，通过共同学习任务的完成和成员间的交流、分享、合作及示范引导、带动等交流共享机制来推动教师群体专业发展的组织。为保障专业发展共同体的正常高效运行，其建立和运行过程中需做到：一是自觉自愿与学校引导相结合；二是适当管理与关怀支持相结合；三是榜样引领与自我反思相结合。

第四节　"三教"改革背景下中职学校教师教研能力提升策略

在"三教"改革实施的过程中，中职学校教师要努力提升自身的教研能力，以适应我国中职学校发展改革的步伐，促进中职学校教学水平的提升。

一、增强提高中职学校教师教科研能力的意识

有了意识才能做出进一步行动。如今，某些中职学校教师属于特殊群体，他们的工作环境很少能接触到科学研究。社会不太重视对中职教师教科研能力的培养，这就在无形之中削弱了中职教师提高教科研能力的意识。在教学过程中，教师担任着传道授业解惑的角色，是教学活动的主体，教师除掌握基本的专业知识外，一定水平的教科研能力意识也不可或缺，在新课改的背景下，教师要提高对自身的要求，增强提高教科研能力的意识，注重培养学生创新能力，不断创新教学方法。为了适应新课改的要求，教师还可以在把握教学基本特点的前提下，有针对性地进行教学活动。

二、加大对中职学校教师的培训力度

加大对中职学校教师的培训力度可以从以下几方面入手，第一，提高中职学校教师的知识丰富性，提高中职学校教师的综合素质和能力，除了专业的学科知识外，中职学校教师还应该掌握人文知识等。中职学校要为教师提高教科研能力提供条件，不断提高教师的创新能力水平和专业知识技能。第二，要将教科研能力培训与思想道德素质培养相结合，兼顾二者，才能在教育对祖国未来发展发挥重要作用的青少年时，传授正确的思想和道德知识。在学生眼里，教师是肩负教书育人神圣使命的角色。最好的教育方法就是言传身教，中职学校教师既要传授

专业知识,也要重视提高学生的审美水平。由此可见,中职学校教师的思想道德素质对学生发展起着重要作用。第三,中职学校要注重综合型教师团队的培养和建设。信息素养是中职学校教师的一项重要技能,中职学校教师可以利用信息技术创新教学方法,以提高学生的参与度与积极性,让学生在学习过程中更加主动。第四,中职学校要大力建设骨干教师团队,为普通教师团队的建设指明方向,以此提高整体教学水平。

教育改革的进程一直在继续,教师所要掌握的知识技能也应该随之改变。教师除了掌握最基本的专业技能之外,还要有观察了解学生在不同时期心理状态的能力,因此中职学校应定期对教师进行统一、综合型培训,以提高中职教师的综合专业素养。由此,中职教师可以在教学过程中随意调动自己掌握的丰富知识,与学生互动,提高学生的参与感与积极性,同时中职教师在熟悉学生基本情况的前提下,还可以创新教学模式,让学生更加快乐地掌握书本知识,从而培养综合型学生。此外,教材知识分类和整理的技能对中职教师来说也是必不可少的一项技能。在讲课过程中,中职学校教师可以通过分析和训练的方法帮助学生掌握知识,以提高学生的学习积极性。

三、提升中职学校教师的各项基础能力

在职业学校、学生、家长三者的关系中,教师担任着连接作用。教师不仅要了解学校的教育情况、家长对孩子的期待、学生的状态,还需要熟练掌握教材,因为教材是学生学习的主要参考,是中职学校教师和学生沟通的桥梁。中职学校教师应该最了解教材、教育环境和课程安排,只有掌握这些基本情况,教师才有进一步提高教科研能力的可能性。因此,中职学校要重视选拔教师的专业素质,并在之后的培训中努力提高其综合能力,为中职学校打造骨干教师队伍。最后,中职学校要提供科研的条件,着眼于细节,培养教师细微课题的研究能力,不断鼓励中职学校教师在科研和教育两者间找到平衡点。

在中国教育体系中,中职教育是重要的一环,能够为国家提供大量的专业技能人才,从而可以对社会发展起到重要作用。《国家职业教育改革实施方案》提出,要对教师、教材、教法做出改革,让中职教育能够培养出更多科学技术人才,这就要求中职学校和教育工作者重视科研教学,提高中职教师的教科研能力,使教育工作者具备高水平的教材整理和分类能力,让中职教育可以更好地服务于学生、社会和国家发展。

第四章 中职学校教材改革及专业建设

第一节 我国中职教育教材反思及改革目标

一、我国中职教育教材反思

教材是依据培养目标而设计的，若对培养目标把握不准，则必然会导致教材建设的指导思想出现偏差。从渊源上讲，我国中职教育教材脱胎于普通教育。20世纪80年代中期以前，受旧的培养体制、培养目标和培养模式的制约，许多中职教育教材是在各学科基本内容压缩的基础上编制的，这种"理论浓缩型"的教材缺乏职业教育的个性和特色。20世纪90年代以来，随着中职教育教学改革的深入，一批批具有职教特色的较高质量的教材以新的面目出现，较好地适应了教学改革的需要，得到了师生的好评。但中职教育教材特别是专业教材在适应教学制度和教学模式改革需要上，仍存在一些不容忽视和亟待改革的问题。

（一）在现实中对中职教育的培养目标仍存在把握不全面或定位不准确的问题

教材是依据培养目标而设计的，如果对培养目标把握不准或认识不全面，就必然会导致教材建设的指导思想出现偏差。对中职教育培养目标的认识，在现实中还存在以下两种片面倾向：

第一，中职教育就是单一工种劳动力的培训，把中职教育同简单的职业培训同等看待。基于这种认识，在教材编制上，就以简单的"技能本位"思想为指导，结果造成一些教材内容过于肤浅狭窄，主要表现在：不能给学生以"必须""够用"的基础知识，忽视基本认知能力的培养；重视再造性技能的重复性训练，轻视创造性技能的创新性训练；重视岗位一技之长的获得，轻视职业综合能力的培养。

第二，中职教育是培养全能型中级人才的教育，把中职教育同普通教育混淆起来。基于这种认识，在教材编制上，以"学科本位"思想为指导，结果造成一些教材偏深、偏难、偏多，主要表现在：过于强调学科体系的完整性、全面性、系统性，把学科与科学等同起来，对中职学生的身心特点和现有程度考虑不够，对社会和职业需求的定位不恰当；在对待本学科与其他学科的关系时，缺乏宏观的整体观念，片面强调本学科的重要性，以致每门学科都面面俱到、层层加码，每门学科教材都"高筑墙、深挖洞、广积粮"，造成教学内容过深、过难、过重；重理论，轻实践，只重视理论课程、理论教学，不重视实践教学的突出地位和活动课程的重要作用。

（二）对教材的认识还没有完全摆脱传统教材功能观的影响

传统的教材功能观认为，教材凝聚了人类文明和人类知识的精华，具有权威性、学术性和知识性。教学就是把这些文明和知识精华传授给学生，学生的学习过程就是对这些文明和知识精华获取和积累的过程。受其影响，教材仍为教师的"教"而编，忽视学生的"学"，结果导致教师成为知识的灌输者，学生成为知识的接收容器，使得原本应是以促进学生全面发展为目的的师生互动的教学过程，变成以知识传授为主的单向传输的过程。

（三）教材缺乏职业针对性和实用性

教材缺乏职业针对性和实用性，主要表现在：第一，对于职业分析对教材设计的重要导向作用的重视度还不够，教材设计的方向不够贴近职业需求；第二，不重视甚至忽视职业资格标准在教材中的体现，教材内容的选择失去职业实用性。

（四）教材缺乏较大的弹性和灵活性

教材缺乏较大的弹性和灵活性，主要表现在：第一，对职业需求的层次研究不够深；第二，对学生的差异性认识还不够，不能用一个标准去统一教材的设计；第三，对学生的主动发展的重视还不够，不能用一个要求去统一教材的编写，教材留给学生选择和拓展的空间狭小。

（五）教材缺乏综合性

教材缺乏综合性，主要表现在：第一，在一门学科教材中，对不同性质知识的配比、不同技能和能力的配比、不同情感态度的配比及它们之间的相互配合问题的分析研究还不够，造成知识、技能和能力等要素缺乏相互的整合效应；第二，在不同学科教材之间，对各要素的地位、作用的分析研究不够，造成不同教材之间彼此重复过多而相互联系过少，缺乏相互的协同作用。

（六）教材缺乏先进性和开放性

教材缺乏先进性和开放性，主要表现在：第一，不重视在精选有价值的传统内容的基础上，将新知识、新工艺、新技术、新方法等现代内容融入其中；第二，一些教师在使用教材时，不重视或不注意本学科新内容的补充。

（七）教材缺乏整体性

教材缺乏整体性，主要表现在：第一，与教科书配套的音像音带、多媒体课件、电子出版物等多种形式的教材还需要增加，这样才能更好发挥教材的整体功能；第二，教师和学生容易受教科书所困，难以发挥教学过程中师生双方的主动性和创造性。

二、我国中职教育教材改革目标

①坚持素质教育方向，树立"以学生发展为本"的思想，构建与中职教育性质、任务和要求相适应的教材观。

②坚持"以能力为本"的理念，正确处理知识、技能与能力的关系，着力培养学生的全面素质和综合职业能力，突出教材"能"的特点。

③重视以职业分析和职业岗位需求为出发点，构建教材目标，选择教材内容，突出教材"用"的特点。

④重视基础知识的教学和基本技能的训练，注意拓展职业基础知识、基本技能的覆盖面，突出教材"宽"的特点。

⑤重视学生认知主体的地位，加强教材设计与教学设计的联系，突出教材"学"的特点。

⑥重视学生的主动发展，正确处理统一要求与因材施教的关系，加强模块化教材建设，使教材富有弹性，突出教材"活"的特点。

⑦重视本学科的纵向联系和不同学科间的横向联系，强化教材不同内容的配合和不同教材的协同作用，加强综合化教材建设，突出教材"整合"的特点。

⑧重视教材内容的及时更新，正确处理传统内容与现代内容的关系，使教材富有先进性和开放性，突出教材"新"的特点。

第二节　"三教"改革背景下教材建设的实践探索

党和国家对于教材建设给予了前所未有的重视，围绕教师、教材、教法推进改革，成为落实教育改革精神、提高教育质量的重要抓手。由于教材是教学内容的主要载体和教学模式的重要支撑，因此必须以教学标准为指导和依据，通过基于教学标准的再创作，落实教学改革精神。教材在编写理念和立意导向上要贯彻国家意志，以课程思政落实立德树人的根本任务；在内容遴选和体系结构上应打破学科体系、课堂讲授的束缚，体现职教特色，采用"做中学，做中教"教学方式；在载体形式与应用模式上，应大力开发纸质教材与数字化资源紧密结合的新形态教材，并通过与在线开放课程的融合发展，重构传统课堂与教学过程，促进互联网＋教学变革。

一、以高质量的教学标准引领教材建设

教材作为教学内容的主要载体和教学模式的重要支撑，是教学改革精神的具体落实和现实呈现，离不开教学改革的宏观背景。以中职教材为例，回顾中华人民共和国教育部（以下简称"教育部"）自 2000 年以来组织的大规模国家规划教材建设工作，均以同一时期中等职业学校专业目录、专业教学标准（或教学指导方案）、课程标准（或教学大纲）等为指导和依据。"十五"期间，在"以全面素质为基础，以能力为本位"的教学指导思想下，教育部制订了《中等职业学校专业目录》（2000 年颁布，270 个专业），并在目录中确定了 83 个中等职业学校重点建设专业教学指导方案和中职 4 门德育课教学大纲、7 门文化基础课教学大纲、16 门专业技术基础课教学大纲，配套推出了中等职业教育国家规划教材。"十一五""十二五"期间，教育部遵循"以服务为宗旨，以就业为导向"的办学方向，贯彻"五个对接"，制订了《中等职业学校专业目录》（2010 年颁布，321 个专业），并在目录中确定了 230 个中等职业学校专业教学标准和中职 5 门德育课教学大纲、7 门文化基础课教学大纲、9 门大类专业基础课教学大纲，配套推出了中等职业教育课程改革国家规划新教材和"十二五"职业教育国家规划教材，教材规模、品种大为丰富，职业教育特色更加鲜明。

2019 年，在 2010 年版《中等职业学校专业目录》基础上，教育部颁布了新增补的 46 个专业，并启动新增专业教学标准的制订工作；在国家教材委员会、教育部的统一领导和部署下，中职思政课、语文、历史及其他 7 门公共基础课课

程标准的制订工作稳步推进；教育部下发《关于组织开展"十三五"职业教育国家规划教材建设工作的通知》（教职成司函〔2019〕94号），加快推进教材建设。相较前两轮的职业教育教材建设，新时代更加注重贯彻落实立德树人根本任务，关注学生的核心素养、全面发展，突出类型教育特色和信息技术的应用。2020年1月，教育部发布《中等职业学校数学课程标准》等5门课程标准（以下简称"新课标"）。新课标确定了中职公共基础课程核心素养和课程目标，明确了课程内容和学业质量要求，对中职学校深化教学改革、提高教学质量、提升学生综合能力具有重要的指导作用。

《国家职业教育改革实施方案》明确了教学标准在整个教学工作中的重要地位，指出要进一步"完善教育教学相关标准""发挥标准在职业教育质量提升中的基础性作用"。以专业目录、专业教学标准、课程标准为核心的职业教育国家教学标准体系，作为贯彻落实党和国家教育方针的具体教学规范，是专业与课程设置、教学内容与教学实施的主要依据。教材不同于一般的科普读物或学术专著，它有很强的教学规定性，其内容的深度、广度必须遵循教学标准。教材一般通过基于教学标准的再创作，将标准中对人才培养目标的定位和相对宏观的教学内容、教学要求，具体、形象、直观地表达出来，并对教学实施起到支撑作用。

二、教材建设应贯彻立德树人，落实课程思政

教材是解决"培养什么人、怎样培养人、为谁培养人"这一根本问题的重要载体，是国家意志在教育领域的直接体现，关系到教育的意识形态导向和人才培养质量。要弘扬以爱国主义为核心的民族精神和以改革创新为核心的时代精神，培育社会主义核心价值观，加强中华优秀传统文化、革命文化和社会主义先进文化教育，培育职业道德、职业素养，弘扬劳动精神、劳模精神和工匠精神等。这些思想政治教育内容应融入各环节贯穿教育教学全过程。思政课作为思政教育的关键课程，与意识形态很强的语文、历史课程一起，由国家统一组织制订相应的课程标准并统一编写教材；其他公共课和专业课也要与思政课同向同行，渗透思政教育内容，发挥课程思政作用，形成协同育人效应。

将思想政治教育元素与学科专业内容有机融合，既是课程思政的关键点也是难点所在。在教材开发中，编者首先要树立起课程思政的意识，改变"思政教育只是思政课的任务，与专业课没有关系"的狭隘观点；其次，在组织编写教材框架时，不仅要关注知识能力体系，还要主动梳理出本课程所蕴含的思想政治教育

元素，进而形成本课程思政教育的脉络；最后，在编写教材主体内容、阅读材料、课后习题等各环节时，要将遴选出的与本课程相关的思政教育元素融入其中，形成集知识、能力、课程思政于一体的内容体系。

例如，在《电工技术基础与技能》中，教材着重以电工技术中的新产品、新技术、新应用为载体融入课程思政。教材结合有关知识点，介绍了天宫二号空间实验室和嫦娥四号探测器上采用的光电池、动车组用永磁电机、特高压输电工程等内容。又如，在《土木工程力学基础》中，教材结合"超静定结构连续梁"这一知识点，以"工程实例"的形式，介绍了港珠澳大桥这一创造了400多项专利的"世界建筑史上里程最长、施工难度最大的跨海大桥"。教材中融入这些先进工程的实际案例，既可以体现专业基础知识的应用性、时代性，也可以反映我国具有国际领先水平的技术成果和伟大建设成就，增强学生的自豪感、荣誉感，以此融入爱国主义教育。教材中还可融入具有行业、岗位特点的职业道德、职业素养等内容，如工科类专业强调的安全生产、节能环保、规范操作，服务业类专业强调的人文关怀、沟通能力、服务意识等职业素养。

课程思政既要从大处着眼，又要从小处着手，关键是要避免生搬硬套、空洞说教，要多采用数据、案例的形式，通过摆事实、讲道理，以润物无声的方式达到立德树人的目的。当前，中职学校对课程思政的重视程度已有所提高，在某些课程的部分内容中融入了课程思政的若干元素，但要建立起课程思政与知识、能力有机统一的课程体系，在知识传授、能力培养的过程中实现价值引领，尚需进一步的深入研究和系统构建。

三、教材建设应体现类型教育，突出职教特色

《国家职业教育改革实施方案》既肯定了职业教育的重要地位，又明确了职业教育是有别于普通教育的一种不同类型的教育，因此职业教育教材也应当采用和普通教育教材不同的编写模式，在内容、体例、呈现等各方面突出鲜明的职教特色。职业教育教材在内容上应打破学科体系、知识本位的束缚，加强与生产生活的联系，突出应用性与实践性。

第一，要对接职业标准、行业标准和岗位规范，体现新技术、新工艺、新规范，关注技术发展带来的学习内容与方式的变化。例如，电子技术的学习从以分立元件电路为主转到以集成电路为主，从以内部电路原理分析为主转到以电路外部特性和芯片应用为主。

第二，要根据教育层次和培养目标来遴选、组织教材内容，并采用适宜的表达方法。在知识点的取舍上，即使是同一个知识点，在不同教育层次中也应有不同的教学要求与表达方式。以本科电工教材和中职电工教材针对电容元件的讲解为例，本科电工教材以高等数学为工具，通过微积分公式推导，得出电容元件电压、电流的定量关系，具有很强的逻辑性，推导过程严密，注重培养学生的抽象思维能力。而中职毕业生主要从事生产一线的操作性、技能性工作，对逻辑分析和计算能力要求相对较低，中职电工教材对电容特性的介绍，可用演示实验代替微积分的理论推导，通过直观地观察电容电路中灯光的明亮变化及电压表、电流表数据的变化，从而定性理解电容充放电过程及电压、电流关系。与此同时，中职电工教材对电容的介绍，又不应仅局限于本科电工教材中抽象的理想元件，可从生产生活中电容的实际应用引入，并强调元件的识别、检测和应用，突出应用性和实践性。

第三，要处理好当前岗位需求与学生可持续发展的关系，既要革除片面追求理论体系完整，内容偏深、偏难的问题，又不能只教技能不讲知识、只会动手不会思维。教材可通过由定量计算转为定性分析，由推导工作原理到阐述、演示工作过程等方式，一方面降低抽象思维、理论学习的难度；另一方面仍可以使学生掌握必要的工作过程与应用原理，培养学生分析问题、解决问题的能力。

教材的体例结构应遵循培养规律，与课程属性和教学方式相适应。近年来，职业教育教材在体例结构的改革上有了明显进步，较多地考虑了对教学模式的支撑。对于文化课、一些经典的专业基础课，学科式的教材结构仍有其必然性与合理性，不能全盘否定，可对传统教材的章节体例进行适当改造，如通过增加活动、案例、实验实训等与应用性、实践性教学相配合的栏目、模块，从以教师讲述为主的教学方式，向以学生为中心的教学方式转变。为适应项目教学、案例教学、情境教学、模块化教学等教学方式，近年来涌现出一大批以项目、任务、活动、案例等为载体的教材，充分体现出"做中学，做中教"的职业教育特色，有力支持了教学模式的改革。经过多年实践，这类教材的体例结构已经比较成熟，其难点在于如何设计具有启发性、综合性的项目，如何选取典型工作任务，并与学科知识进行有机整合，将其转化为符合教学目标的学习任务，使之既有利于教、学、做一体化教学活动的实施，又防止由知识组合、序列上的变化而导致的科学性、适用性问题。教材的编写还要注意任务设置的循序渐进、由易到难，如果内容编排零散且连续性差，将扰乱教材的内容主线，不利于学生的认知与接受。

在呈现形式上，教材应注重改变单一文字叙述的刻板印象，以简洁、生动的语言，丰富、形象的图表，提升学生的阅读兴趣与学习体验。在传统线条图的基础上，教材中还可以增加实物照片图、注释图、模拟图等多种形式，用以图示意的方式代替大段的文字叙述。教材中还可设计便于学生参与、体验的作业单、工作单等。对于一些随产业、技术变化较快和更适宜采用工学结合方式的专业课程，活页式、工作手册式教材在内容更新和使用便捷性上都更具优势。

四、"互联网+"背景下教材建设的发展

随着信息技术特别是互联网技术的快速发展，教育信息化成为推动教育教学变革的重要力量。翻转课堂、混合式教学等信息化教学模式的广泛应用，不仅丰富了教学内容，更促进了对以课堂为中心的传统教学模式的变革。

纸质教材特别是一些经典教材，其内容成熟、结构完整、表达严谨规范，作为教学质量的基本保障，在现行教学条件下仍具有不可替代性。但纸质教材也存在内容更新慢、结构单一、呈现方式枯燥乏味等问题，对此可通过配套数字化教学资源，升级为新形态教材来解决。以高等教育出版社为例，典型的建设方式是"纸质教材+二维码平台+Abook在线资源平台"，形成"一书一网站"、线上资源与线下教材密切配合的新形态——一体化教材体系。二维码平台针对教材中用文字描述比较抽象的知识点、技能点，添加可直接扫描获取的二维码资源，以短小、精炼的视频、音频、动画等碎片化资源为主，着重解决教材中难以理解的抽象概念、不易展示的工作过程等，使用便捷，阅读体验好。Abook在线资源平台则以教材内容为主要依据，围绕教学各环节提供系列化数字资源，可通过教材所附学习卡登录网站下载。例如，根据教师在备课、授课、实训、考核等各环节的需求，提供教学设计、演示文稿、教学课件、习题库、学业测评等教学资源；根据学生在预习、学习、实训、作业、复习等各环节的需求，提供网络课程、模拟仿真实训软件、自测练习等教学资源。

新形态教材的开发，重点是加强纸质教材与配套数字化资源之间的关联性，增强教学适用性。要转变过去纸质教材与数字化资源彼此孤立、分散开发的模式，树立起一体化教学设计理念，以课程为核心，从教学实施的教、学、做各环节入手，对内容与呈现形式统筹考虑，采用不同的技术手段开发适合不同应用场景的数字化教学资源。

以在线开放课程为代表的数字课程，与新形态教材配合，可以适应翻转课

堂、混合式教学等信息化教学模式，满足"互联网＋职业教育"的新需求。高等教育出版社自 2015 年在国家在线开放课程平台"爱课程"网站上开通中国职教 MOOC 频道以来，开设了多门与教材紧密结合又具有鲜明职教特色的在线开放课程。在线开放课程教学过程完整，集授课短视频、在线作业交互式讨论和考试、评价等于一体，既发挥了教师的引导作用，也兼顾了学生的自主学习，不仅突破了传统课堂的束缚，而且使原有的碎片化、静态和线下的数字资源体系，转变为系统性的、动态的和线上的数字课程体系。

基于教材建设相应的在线开放课程，可以有效解决教材容量与课时有限的矛盾，并及时更新教学内容。同时在线开放课程的交互性教学环节，有利于教材编者掌握学习者需求，凝练教学内容，进一步提高教材质量。对于一些教学内容或教学模式比较新的课程，可以先开设在线开放课程，积累教学经验和成果后，再转换为教材出版。教材与在线开放课程的融合发展，不仅是互联网时代教材建设的趋势，更是重构传统课堂与教学过程的一种有效途径。

第三节　中职学校专业建设的问题与策略

一、中职学校专业建设存在的问题

（一）专业设置不够科学、合理

现在有不少中职学校的专业设置不合理，没有系统规划，市场竞争力低下。中职学校的专业设置与当地经济发展情况不匹配，既没有结合当地资源优势和产业结构，也没有与人口结构、城市发展定位、职业前景和市场人才需求等相结合，不少中职学校开设的专业与办学实际严重不符，以招生为主要目的，没有考虑学校未来的发展，只重视数量而不管质量。

（二）专业目标定位不够清晰

一些中职学校的专业培养目标定位不清晰，培养方向产生偏差。学校如果没有清晰的专业目标定位，培养方向不明确，那么培养出来的人才就不会符合社会发展需求。如果不明确专业建设中的课程设计、技能知识结构等，就会导致教学过程无法有效进行。第一，教师教学没有明确的目标。如果连教师都不能明确教学目标，那么学生则无法学有所成。第二，导致学生专业能力差。学生在校期间如果不能很好地掌握专业知识，会影响到将来的就业。第三，会对学校未来的发展产生不良影响。中职学校应该不断创新，用心做好专业建设，这关系到学校未来的发展前景。综上所述，中职学校应该有明确清晰的专业目标定位，只有在此基础上进行专业建设，才能建设更好的学校，培养更多优秀人才。

（三）专业课程设置不够完善

一些中职学校在专业课程设置方面不够完善，主要体现在以下几个方面：一是培养目标与实际不符，培养的人才与社会需求不符。二是理论课程和实践课程安排不合理。有些中职学校偏向于理论课，而忽视实践课，导致学生普遍实践能力差；而有的中职学校则与之相反，理论知识不扎实，无法很好地指导实践。三是专业课程教材不够丰富，教学方法单一，采用固定模式。一些中职学校使用的教材已经被市场淘汰；还有的学校教学方法单一，不符合当前社会的发展，没有创新。四是课程时间安排不合理，缺乏弹性。有些重要课程的时间安排比较紧张，而有的课程时间又太充裕，这样学生会感觉没有真正学到知识。

（四）专业师资队伍不够稳定

一些中职学校师资不足，而且很多教师队伍不够稳定。第一，中职学校在编的教师有一定的数量限制，有编制的教师比较少，但是招生规模是不断扩大的，导致教师规模无法满足实际教学需求，学校只能面向社会招聘教师。因此，学校应该落实教师的福利待遇等，否则学校正常的教学会受到很大的影响。第二，还有编制名额的学校可以面向社会招聘在编教师，但是新教师要想尽快适应岗位工作，还需要一定时间的打磨。第三，某些专业存在缺少教师的情况，难以满足专业发展的需求，因此一些学校不得不调派其他专业的教师临时顶替，但这样就无法保证教学的质量和效果。与此同时，专业课教师教学能力还有待提升，在理论和实践方面都擅长的教师为数不多，很多专业课教师只懂理论，缺乏实践经验，教学质量不高。第四，中职学校对教师的考核评估既没有形成完善的体系又没有建立统一的标准，就导致一些教师工作随意，积极性不高。

（五）专业品牌意识不够强大

近年来，中职学校招生数量锐减，导致很多学校学生规模变化较大。一些办学条件比较差的中职学校为了迎合市场需求，盲目招生，设置多个专业，导致专业体系不完善，专业建设水平不均衡。而对一些发展比较稳定，实力较强的专业，学校品牌意识不强，没有对这一部分专业进行重点建设，没有发挥学校的优势，导致办学没有特色。品牌意识薄弱，会导致一些重点专业建设比较落后，在市场上没有竞争力，也使这些专业毕业生在就业竞争中处于弱势。

（六）软硬件建设不够协调

部分中职学校对专业建设认识不够全面，认为只要硬件设施过硬就可以，从而忽视了对"软件"设施的投入和建设。中职学校比较重视资金投入，愿意大规模建设场地和购买相关实践设备，但是在硬件设施建设和投入方面没有明确的方向，过分追求数量，而没有项目建设的具体规划。还有一些中职学校在教学过程中互相攀比，导致设备利用率低下，甚至为了追求形式而造成资源浪费，无法物尽其用。在教学内容和教学方法创新等方面，一些中职学校还停滞不前，不重视教师的培养工作，缺乏相关课题研究，校园文化建设滞后，教师福利待遇等无法落到实处等，这些问题都暴露出中职学校在管理方面的漏洞，就是对"软件"设施的投入太少，导致专业建设发展没有活力，师资队伍缺乏，这些都不利于中职学校教学质量的提高和未来的长远发展。

二、中职学校专业建设的策略

（一）政府部门、社会、学校共同推动发展

各级政府及教育主管部门应加强对中职教育的监督、管理、统筹、整合和引导。在专业设置上应统一专业名称、专业分类、专业培养目标、专业课程设置体系、教师教学考核评价体系等；应深入社会一线进行调查研究，了解相关信息，收集第一手资料，广开言路，听取意见和建议，将收集到的信息进行汇总整合、分析研究，运用科学的手段和方法对存在的问题及时进行解决，把好专业设置关，专业调整关，专业整合关，以适应社会发展需要、产业发展需要、经济发展需要和人才结构需要。各中职学校应在政府部门的引导下，针对本校实际、行业实际、产业实际、需求实际，积极进行专业建设，及时向上级主管部门申报备案现有专业，申请设立新专业，注销不适合专业。学校要对所有专业全面负责，包括招生宣传，班级分配，教学培养，技能培训等具体工作的落实，同时，上级主管部门要加强对专业设置的管理和宏观调控，严格执行专业审批制度，统一专业设置标准、专业建设标准、专业审批流程，实现校际专业定位

准确鲜明、各具特色，形成健康有序的专业发展道路，进而通过专业发展推动中职学校的整体发展。

（二）学校办学定位准确，主次专业发展有序

中职学校应该充分了解自身的优势，明确区域发展特点，了解行业需求，制订合理的培养方案，明确自身办学定位。在确定办学方向后，中职学校应该抓住自身特色，使自己在竞争中占有优势，发挥学校和学生的长处，为社会培养优秀的人才。在明确的发展定位的指导下，中职学校还可以有针对性地发展特色专业、示范专业、优势专业等。在某些专业上加大投入，进行重点建设，使专业优势更加突出，让某些专业变得更强、更精。除了重点专业和优势专业外，也不能忽视其他专业的发展，中职学校要充分利用教学资源建设非重点专业，使之与重点专业同步发展，要对不同特点的专业采取恰当的发展方式，最终形成完善的发展格局。

（三）加强师资队伍建设，提升专业教学水平

教师的教学水平高，才能保证教育质量。因此，中职学校要加强师资队伍建设。教师是教育的根本，也是教育不断发展的动力，承担着重要的责任。中职学校要想不断发展，就必须重视师资队伍建设，打造专业能力强、职业道德素养高、结构合理的师资团队，才能为社会培养更多更优秀的人才。中职学校要有长远的发展眼光，一方面，要加强师资队伍建设，对教师进行培训，鼓励教师不断学习，树立终身学习的理念，培养综合素质全面发展的教师；另一方面，要重视人才引进，可以面向社会、各大科研院所、事业单位等招募人才，引导教师开展各项研究，创新教学教研方法，完善课程体系，不断提高教学质量，注重培养学生的综合能力，了解社会需求，为社会培养需要的人才；与此同时，要不断优化教师结构，让教师队伍更稳定，老教师要做好带头工作，帮助新教师尽快适应工作岗位，不断优化教师年龄结构，使文理科教师比重和师生比重均衡；要提高教师的各项待遇，为其发展提供广阔的空间，推动学校深层次的发展。

（四）优化课程体系，推动专业目标定位更精准

中职学校专业课程设计既要符合学校的实际，也要考虑企业和行业的用人需求，以及将来的岗位工作实际。因此，要转变以学校为中心的观念，形成学校、企业、行业、工作岗位等共同参与的机制，彼此加强沟通和交流，培养学生的综

合能力。对于学校的教材制定和课程安排，企业应该积极参与，关注学校教学内容的设计和科研平台的建设，对学校实习、培训等提出相关建议，使学校课程体系更完善，培养目标更明确，更加符合社会和行业的需求。对学生的培养，要坚持以学生为中心，加强能力培养，根据企业和用人单位对人才的要求，不断优化专业课程设计，丰富教学内容，在教学方式上要更灵活，尤其要注重对学生的质量考核，明确专业培养目标，使培养出来的学生综合能力更强，职业素养更高。

（五）加大教育资源投入，协调软硬件设施投入比

在专业建设方面，既要重视硬件设施投入，也要重视软件设施投入，不可厚此薄彼。中职学校对教育资源的投入要科学合理，使教育资源能够真正发挥作用。硬件设施投入和软件设施投入应该并重，不能只考虑当下，要有长远的发展眼光。中职学校在专业研究，师资队伍建设，学校学风、师德建设等方面需要加大投入，高瞻远瞩，尤其要重视对隐性投入的建设和管理，让投入能够收获更好的效果。

（六）扩大宣传力度，着力打造中职品牌专业

中职学校应该重点关注专业建设，尤其是重点专业、优势专业和品牌专业。重点专业应该发挥桥梁作用，在其引导下，重点打造品牌专业，创新专业发展模式，让不同专业都能够得到发展。在专业建设思路方面，中职学校也应该独树一帜，以专业优势提高学校知名度和影响力，获得更多认可。另外，中职学校要加强宣传力度，可以通过新闻、学校网站、期刊、报纸等媒体或通过技能竞赛、演讲等形式，积极对外宣传学校发展动态、取得的发展成果、师生取得的荣誉、教学科研等方面的创新成果、学校举办的各类活动等，打造学校品牌专业，让品牌专业能够为大众所知，有更多亮点。

总之，中职学校要依据自身优势，紧贴当地经济发展方式，明确专业建设目标，培养适应性人才，使学校在行业中保持持久旺盛的生命力和竞争力。中职学校要始终树立品牌意识、名牌意识、名片意识、窗口意识、忧患意识，以专业立校、品牌立校、口碑立校，提高学校知名度，扩大社会影响力。而社会有需求、发展有潜力、就业有保障的"龙头专业"必将带动其他相关专业同步发展和提升学校整体实力。

（七）加强校企合作，提高中职学校办学实力

中职学校要树立"积极建设现有专业、逐步淘汰落后专业、适应社会发展需

要打造新型专业、高瞻远瞩培养潜力专业"的专业建设方针，适应社会发展需求。在招生竞争日趋激烈的今天，如何提高学校的办学实力和特色，成为摆在学校面前的重要课题。学校和企业相互合作、工作与学习相互结合的发展模式，既与学校的发展需求相符合，又与社会和企业发展特点相符合。中职学校要重视企业在专业建设中的作用，加强与企业的合作，以此形成产学研相结合的发展模式，并与企业之间进行人才和技术交流，让学校和企业互利共赢。企业为学校专业建设提供支持，学校也可以为企业提供更优质的人才。

中职学校的专业建设，影响到毕业生将来的就业及学校未来的发展，同时，也是我国职业教育发展的重中之重。因此，中职学校应该牢记自己的使命和责任，综合考虑实际情况，不断改革创新，完善专业建设，将为社会培养更多、更优秀的人才作为自身的使命，在现代职业教育不断发展背景下，促进中职学生全面发展，推动我国职业教育发展更上一层楼。

第四节　中职学校特色专业建设的实施工作

一、中职学校特色专业建设的主要工作

中职学校通过特色专业的建设，形成有特色的专业人才培养方案、有特色的专业课程、有特色的教师队伍、有特色的专业实训场地，能够扩大学校专业办学的影响，有利于促进学校的发展。因此，中职学校应根据实际，积极做好特色专业建设工作。

（一）做好特色专业建设的规划工作

专业建设的规划工作是专业建设的重要工作，每所中职学校都应该制订好本校专业建设规划，确定好要建设的特色专业。中职学校在专业规划中要结合区域经济社会的发展、本校办学实际及专业的条件，设计好本校的特色专业，按照"突出优势、打造特色"的原则，打造好本校的特色专业名片，提升本校专业发展的影响力。

（二）做好基础性的专业调查工作

为建设好特色专业，必须抓好两项基础性的调查工作。

第一，开展行业企业需求的调查。中职学校可以通过对行业企业需求的调查分析，了解行业企业发展的需要和产业发展的现状，使专业的建设能够满足产业发展的需要，促进产业结构的规模比例与专业结构规模比例的大体吻合，建立专业与产业对接的服务体系，提升中职学校服务社会经济发展的能力。同时，中职学校还可以通过对专业对应的企业职业岗位工作任务的分析，了解岗位的主要工作内容、对人才的技能要求，为专业的课程设置奠定基础。

第二，做好区域学校同类学校专业设置的调研。为解决好专业设置同质化问题，中职学校要加强对本区域中职学校同类专业设置现状、专业设置条件、专业毕业生就业情况的调查了解，分析本校专业建设的基础与优势，本着"人无我有、人有我优"的原则，加强本校专业的特色建设，确定好本校专业建设的定位与目标，积极打造本校的专业品牌。

（三）重视特色专业建设的模式改革

人才培养模式、教学模式、评价模式是特色专业建设的重要工作，通过这些模式的改革能够提升特色专业建设的内涵，因此必须认真做好相关的工作。

第一，人才培养模式改革。要积极探索构建校企合作、工学结合的专业人才培养模式，推进产教协同育人，与行业企业进行深度合作，共同制订好专业人才培养方案，培养特色专业技能人才。

第二，教学模式改革。要结合特色专业的实际进行教学模式的改革，积极推行"学中做、做中学"的教学思想，实施教学模式改革，以适应特色专业的教学工作，有助于提高专业教学的质量。

第三，评价模式改革。建立有效的评价模式，对学生的专业学习很重要。要积极探索构建有特色的评价改革，针对特色专业建设需要，结合专业实际制订好操作性强的专业评价改革方案。

（四）加强特色专业的基本建设

专业机制建设、师资队伍建设、课程资源建设、实训条件建设是中职学校特色专业建设的重要内容，做好这些建设能够提升特色专业的竞争力和影响力。

1. 建立专业发展机制

机制建设是特色专业建设的保障，要积极完善专业机制，推进特色专业建设工作。中职学校的专业建设要紧跟产业发展步伐，定期开展广泛深入的市场调研，要随着经济发展方式转变而"动"，跟着产业调整升级而"走"，围绕着企业技术技能型人才需要而"转"，随着市场需求变化而"变"，以此构建完善的专业与产业发展动态调整机制。中职学校要制订好专业建设规划，完善专业建设调研论证制度，确定好要建设的特色专业，建立由行业企业和职业教育专家组成的专业建设指导委员会，指导特色专业建设工作的开展，有效地提升特色专业建设水平。

2. 重视课程资源建设

课程资源建设是提高特色专业教学质量的核心，中职学校要积极与行业企业合作开展课程资源建设。中职学校应根据特色专业人才的培养要求，结合学生就业职业岗位的工作要求，参照相关的职业资格标准，积极开展专业课程标准、课程教材及信息化教学资源的建设工作，为提高特色专业课程教学质量奠定基础。

3. 加强师资队伍建设

中职学校特色专业的建设，必须要有一支数量充足、素质优良、结构合理、专兼结合、特色鲜明的高素质教师队伍支撑，才能满足专业技术技能人才培养的需要。

第一，培养好专业带头人。中职学校可以通过专业学术培养、国内外联合培养、企业培养、课题培养等方式培养专业带头人，使其具有扎实的专业基础和宽广的专业视野，能够站在专业发展的前沿，掌握特色专业的最新技术动态和发展趋势，能够负责本专业的整体规划与建设，能够真正成为引领专业发展的带头人。

第二，骨干教师的培养。中职学校可以通过学校培养、企业培养、竞赛培养、任务培养等方式培养骨干教师，使其具有较强教学能力，能够胜任本专业的多门专业课程的教学及专业技能的训练；具备较强研究能力，能够承担和完成课题研究的任务，能够在教育教学改革中大胆创新。

第三，"双师型"教师的培养。中职学校可以通过采用让专业教师到企业挂职锻炼、引进行业企业专家指导、鼓励教师参加行业技能培训等多种形式培养"双师型"教师，促进"双师型"教学团队建设，提高专业教师队伍的"双师型"教师比例，提高全体教师的专业素质。

第四，兼职教师的培养。中职学校应聘请行业企业及社会中实践经验丰富的名师、专家、高级技术人员或技师及能工巧匠来担任学校的兼职教师，建立兼职教师数据库，完善兼职教师管理制度，开展兼职教师相关教学技术培训，提高兼职教师的教学水平。

4. 加强实训条件建设

第一，加强校内实践教学场地的建设。中职学校要根据专业教学的需要，建设专业特色鲜明、功能完善、技术先进、配套合理的实践教学基地，形成专业系列实训室，促进"教、学、做"合一，使学生能够完成专业所有必要的技能训练，包括专业操作训练、专业技能实训、专业顶岗实习技能训练，为实现专业培养目标提供保障。同时，中职学校还要结合学校特色专业的实际，建设好有代表性、示范性、标志性的专业实训场地（实训室），提升学校特色专业的影响。

第二，加强校外实践基地的建设。校外实践基地是提高学生专业能力，促进学生掌握工作岗位专业技术、流程和基本操作技能的重要场地。中职学校要加强与优势企业的合作，选择与一些专业代表性强、技术水平高的企业来合作共建专业的高水平校外实践基地，使学生通过实践基地的岗位实习可以提升其专业水平，以此培养出行业、企业需要的专业技术技能人才。

二、中职学校特色专业建设的注意事项

（一）认真制订好特色专业建设方案

专业建设方案是指导专业建设的重要文本材料，是指导专业建设工作的重要依据。专业建设方案，能够帮助学校明确专业建设的目标任务，理清专业建设的思路，把握好专业建设的主要内容和重点工作。在制订方案的过程中，中职学校要认真学习关于专业建设有关文件的要求，把握好专业建设的重点工作，明确专业建设的目标定位，充分体现专业建设的实效性与影响力。

（二）明确特色专业建设的重点内容

影响专业建设的因素较多，在中职学校特色专业建设过程中，要把握好专业建设的重点内容，包括：一是要充分进行专业建设的论证，围绕当地经济发展方式转变、产业升级和结构调整、行业企业对专业技能人才的需求及学校专业的发展基础等方面进行论证；二是要设计好专业建设的关键内容，结合学校的实际设计好专业建设机制、人才培养模式、精品课程建设、师资队伍建设、校企合作体制机制、教学质量评价等建设内容。

（三）强化特色专业建设的实施工作

为确保专业建设工作的顺利进行，中职学校需要做到以下几点：一是要明确

专业建设的步骤。要根据专业建设的项目内容，提出分年度实施建设的步骤、预期目标及验收要点，使其能够充分反映学校专业建设所开展的工作，做到时间清楚、内容清楚、任务清楚。二是要有建设举措与保障措施。要针对专业建设的任务要求，明确要解决的关键问题，按照相关任务落实参与建设的人员及相关工作措施。要明确项目建设的经费预算来源与开支情况，注意预算开支的合理性，并且能够使用好建设经费。三是要充分反映专业建设的成果。要通过专业建设工作的开展，明确在办学模式、办学特色、办学条件、教学改革、课程及教材建设等方面要取得的预期成果与成效，提升专业建设工作的水平。

第五章 中职学校教法的创新应用与质量监控体系

第一节 行动导向教学法的应用

一、行动导向教学法的特征及实施原则

行动就是以目标为导向实施的一系列行为活动。它起源于德文"Handlung"，核心内涵就是"做"，而且是具有目的性和能动性的"做"，是"互动的做"。人的行动正是由于受到一个个目标的指引才实施的。

行动导向是一种教学过程。在这个过程中，创设教师与学生互动的职业情境，可以培养学生的职业能力和综合素质。可见，在教育领域，"行动导向"教学的目的在于促进学生综合职业能力的提升，核心在于学习过程与行动过程的统一。这就要求学生在学习过程中动脑、动手、用心，通过行动的引导，获得知识与能力，最终达到"行动"与"学习"的统一。

行动导向教学法，把"以学生为中心""以行动为导向"作为核心理念，是一系列教学方法的统称，更是一种教学过程、指导思想。它贯穿于教学的整个过程，渗透进教学的各个要素，体现在教学的每个环节，是一种促进学生行动能力、学生应用理论解决现实问题能力提升的职业教学方法。它以职业中的各类具体实践工作为导向，注重理论与实践的结合，力求为学生提供一个具有完整工作流程的学习机会，从而促进学生综合职业能力的形成和发展。在学习过程中，学生不仅要学习知识，还要学以致用，培养解决困难的能力和社会交往能力，更要注重对整个学习过程的反思总结。就中职学校而言，目前常用的具体方法有项目教学法、案例教学法、角色扮演法等。

（一）行动导向教学法的特性

行动导向教学法坚持以学生为本，以快乐教育为手段，围绕学生的发展需要开展教学活动，既遵循了学生的认知规律，又体现了现代职业教育的理念，促使学生实现了知识的习得、能力的提高、品德的养成等智力因素和非智力因素的和谐发展，其特性主要体现在以下方面：

第一，学生学习的自主性。在传统教学方式下，由教师确定教学内容、制订教学计划、决定教学方法、控制教学进度。相对地，学生处于从属地位，缺乏自主活动的可能性，导致学习兴趣较低，个性与特长得不到发挥，与社会生活相脱离。行动导向教学法打破了学生被动接受固定知识的局面，倡导"以学生为中心"，由教师为学生创设活动情境，鼓励学生在活动中自主学习，将理论与实践相结合，使学生加深对知识的理解应用。在这样的模式下，学生不仅提高了学习积极性，而且信心得到增强，可以享受学习的乐趣。

第二，教学过程的完整性。行动导向教学法强调学习过程与工作过程相一致，即"完整的行动"，这一行动共包含六个步骤：咨询、计划、决策、实施、检查、评估。完成一个工作项目必须要经过这六个步骤，以保证教学过程的完整性。同时，这也要求学生在学习过程中"手""脑""心"并用。教师在制定教学目标时，必须兼顾知识目标、能力目标和情感目标，促进学生全面发展。

第三，教学活动的合作性。行动导向教学法十分注重团队学习，从教学内容制定、教学活动开展到教学评估，都需要通过小组合作等方式进行。采用合作教学模式，可以在提高学生学习效果的同时，不断培养其团队协作意识和能力，促进其全面发展。

第四，教学评价的多维性。在评价方式上，不仅可以采用总结性评价，对学生知识的理解掌握、技能的熟练程度进行评价，还可以采取过程性评价，对学习过程中的学生行为进行评价，例如，学习态度、小组成员的团结合作程度等。在评价主体上，打破单一评价主体，将自我评价、小组互评、教师评价相结合，评价主体更加多元化，使教学效果得到全面客观的评价，同时还可以加深学生对学习过程和学习结果的反思与总结。在这一过程中，教学过程得到进一步优化，学生的学习效果也得到进一步提升。

（二）行动导向教学法的原则

1. 多元智能的目标导向原则

一般而言，个体的智能主要包含八个相互独立的内容，分别是语言智能、数学逻辑智能、空间智能、身体运动智能、音乐智能、人际智能、自我认知智能、自然认知智能。每一种智能都分别对应不同的系统功能，且这些系统功能之间通过相互作用形成新的智能形态。每个个体都有自己的优势智能和弱势智能，在不同环境下个体智能状态也会发生相应的变化。多元智能理论主张要尊重学生的个体差异，充分发挥学生的智能强项。

行动导向教学法以职业活动为导向，以人的能力发展为本位，强调学生在学习过程中的主体地位。教师作为指导者，采用"咨询、计划、决策、实施、检查、评估"六步法组织教学，让学生掌握技能，获得专业知识，构建全新的知识体系。以这样的模式去进行教学，改变了传统教学中仅注重语言智能和数学逻辑智能培养的学科化体系。学生的专业能力和社会能力都得到了发展，综合职业能力得到了提升。

大部分中职学生的智能强项是空间智能、身体运动智能、人际沟通智能，这些智能对他们完成设计任务、组织项目、实践操作、模拟表演等活动都是极为有利的，而这些活动也正是行动导向教学法所提倡的一些活动。因此，多元智能理论为中职学校行动导向教学法的顺利实施提供了目标导向。

2. 学生认知结构的行动建构原则

建构主义理论由瑞士心理学家皮亚杰提出，他在"认知发生论"中表明，认知结构的变化有"同化"和"顺应"两种形式。"同化"是个体对输入的外界刺激进行过滤和改变的过程。"顺应"是个体调节自身的内部结构以适应外界刺激的过程。认知结构是在"同化"和"顺应"的不断更替中形成的。学习就是内在知识结构和外界客观结构相互作用导致认知结构不断增加或改变的过程，是学生在自己原有的知识体系基础上主动建构起来的，而不是依赖教师单向传授知识的结果。学习过程包括两方面含义：一是对新信息进行建构；二是对原有知识经验进行改造和重组。

行动导向教学法倡导学生在整个教学过程中的主体地位，教师依据教学内容和目标，为学生创设合理的教学情境，学生通过积极参与，主动思考，独立探究，利用自身已经具备的经验、知识，经过反复的分析、综合、检验、评价，最终形成自己的认知结构。教师起组织、引导和咨询的作用。由此可见，建构主义理论和行动导向教学都强调学生的主体地位，强调学生对知识的主动探索、发现与建构。

3. 行动导向教学法实施中的人本定位

人本主义理论的代表人物是美国心理学家马斯洛和罗杰斯。马斯洛提出了"需要层次理论"，他认为人的发展，是为了完成个体的自我实现。罗杰斯坚持"以学生为中心"的观点，他认为课程的重点不是教学内容，而是为学生提供一种情境，促进学生自主学习。人本主义理论关注学生的学习动机，强调学生的主体地位，重视学生的情感和个人价值观，要求教师为学生的学习创设积极的学习环境，注重学生的全面发展。在师生观上，人本主义认为，教师和学生在人格、地位上均是平等的，尊重学生是其核心理念。

行动导向教学法同样强调以学生为主体，在教学目标上：不仅重视知识目标的达成，同样注重行为能力与情感价值观的发展，强调学生的全面发展；在教学过程中，倡导学生团结合作、独立思考，教师起引导、指导作用；在教学评价上，注重自我评价和个人反馈。由此可见，人本主义对行动导向教学法的实施进行了正确定位。

综上所述，不同学派从各自的角度出发进行了论述，它们的共识就是每位学生都有自己的优点和长处，采用何种学习方式直接决定了学生成绩的高低。如果教师能够在教学过程中把建构主义理论、多元智能理论和人本主义理论作为教学指导思想和方法，对每位学生的成长给予细心关注，了解他们的学习诉求和特长，运用科学的教学方法给予指导和帮助，必然会极大地提高学生的学习自信心和学习效果。

二、中职学校应用行动导向教学法的策略

（一）加强以有效教学为宗旨的教学引导

行动导向教学法在中职学校教学实施中遇到了一些困难，最大的问题就是中职学校教师对行动导向教学法的认识不足。由于没有受过专门的培训，很多教师对行动导向教学法不够理解，更谈不上在教学中正确运用。因此，中职学校的当务之急是加大对教师的培训力度，通过"请进来""走出去"等方式，促使教师积极参加各类学习培训，加强对行动导向教学法的认知、理解与应用，转变观念，转换角色，真正"以学生为中心"，让学生成为教学过程中的主体，培养学生独立思考、独立计划、独立决策和独立实施项目的能力，同时也要注重小组合作的重要性，培养学生的组织协调能力和团队协作能力。

另外，中职学校教师要走下讲台，与学生进行交流，让学生积极主动地思考问题、解决问题。同时，中职学校教师要充分理解学生、了解学生，了解每个学生对所讲知识的理解情况，对有问题的同学，不要直接给出解决问题的方法，而要加以引导，让学生在教师的引导下，自己去寻找解决问题的方法。中职学校教师在教学过程中，要成为组织者、指导者、促进者、协调者。

（二）建设以理实一体为导向的"双师型"教师队伍

第一，以企业实践提升专业技能。行动导向教学法要求教师必须具备一定的职业岗位能力和管理能力。中职学校教师要想提高相关的职业能力，就必须到企业接受学习。中职学校教师为企业培养员工，但是自身却对企业的文化环境、规章制度、技术动向等不够了解，这样就使得教师在教学过程中缺乏针对性和客观性。因此，中职学校教师要定期参加企业实践锻炼，深入车间，了解企业新设备、新工艺、新方法、新规范，掌握各工序的设备构成、工艺流程，熟悉各工作岗位对知识、能力的要求，提高自身的专业能力。只有这样，中职学校教师才能根据职业要求来确定教学目标，创设贴近企业实际的真实情境，正确引导学生实施任务，并能预见实施过程中可能出现的问题，及时解决。

第二，以兼职教师带动双师水平。要想真正实现职业教育与企业的无缝链接，就必须聘用行业知名专家和企业能工巧匠作为学校兼职教师：一方面兼职教师可以将一线的工作经验、工作流程的体验传授给学生；另一方面也可以带动校内专业教师加强学习，提高技能水平，从而提高学校的"双师型"教师水平。

（三）建立以产学结合为模式的教学设施

第一，建立一体化教室。行动导向教学法强调学生动手实践能力的培养，因此要改变在传统教室授课的形式，就要建立与行动导向教学法配套的一体化教室，也就是既能进行理论学习，又可以进行实践操作的教室。与传统教室相比，一体化教室除了要有黑板、投影仪、无线网络，满足教师基本的教学需求外，还需要有实践操作区域，配备相关的设备和仪器。教师可以随时进行理论讲解与实践操作的转换，学生也可以随时把理论知识与实践技能结合起来，避免了传统教学中在教室学完一个知识点很久之后，才去实训基地进行操作的弊端。一体化教室还应该配备多媒体资料库，便于学生在实践操作中遇到问题随时进行资料查询。

第二，建设校外实训基地。行动导向教学法强调学生综合职业能力的培养，而实践学习对于学生综合职业能力的提升具有重要的作用。因此，必须加强校企合作，共建校外实训基地，让学生进行工学交替、顶岗实习，接受现代企业氛围的熏陶，熟悉企业先进技术、设备、工艺，尽快掌握工作岗位所需基本技能和专业技术，培养现代企业所需的团结协作精神、人际沟通技巧、组织协调能力，促进学生职业能力和职业素质的发展。

（四）构建以工作过程为引领的课程体系

传统的学科课程体系以知识传授为主要特征，强调知识的完整性和系统性，而忽视实践技能的训练。因此，必须构建以工作过程为引领的课程体系，"以职业活动过程为导向，以职业能力为主线"，教师深入企业调研，与行业企业专家、技术骨干共同分析工作岗位，提取典型工作任务，然后进行归纳、整合，转换为课程内容，分析课程内容之间的关系，制定整体课程框架。在教学过程中，学生为了完成一个具体的工作项目，需要独立搜集信息、制订计划、实施项目、自主评价，并在这一过程中获取专业知识和职业能力。学生学完课程后，可以直接上岗工作，从而有效缩短了岗位适应期。

（五）制定以职业能力为核心的教学目标

传统教学目标的制定以学生接受知识、储存知识为主，既忽视了学生的主体地位、学生之间的个体差异，也忽视了学生学习过程与方法、情感与价值观的培养。因此，将教育目标分为认知领域、情感领域、操作领域，这些领域又共同构成教育目标体系，这也正是行动导向教学法的核心思想——培养学生的综合职业能力。

中职学校和教师应该更新观念，改变传统的对知识点进行记忆的目标，了解更多行业与企业的用人需求，并进行岗位分析、典型工作任务归纳，明确中职学生所应具备的综合职业能力。

中职学校应分析综合职业能力所包含的各种具体能力及其影响因素，有针对性地对教师进行这方面的培训，帮助教师更加合理地制定教学目标。例如，团队合作能力、组织协调能力的培养，要求教师强调小组合作，以学生为中心；独立思考能力、解决问题能力的培养，要求教师转变角色，把主动权交给学生，让学生自主制订计划、决策方案、实施任务，教师只做指导和总结的工作；职业道德、社会责任感的培养，则要求教师在教学的方方面面进行渗透，让职业操守内化成学生的自身素质。

教师还应该将综合职业能力的培养贯穿在教学的全过程，建立平等的师生关系，创造和谐的课堂氛围，培养学生自主学习、独立学习的意识及创新思维，加强职业道德教育，使学生学会做事、学会做人。

（六）设计以职业情境为主体的教学过程

在传统教学模式中，教师系统讲解知识，学生被动接受知识，教师在教学过程中掌握知识的构建，学生的主体地位得不到发挥。而职业教育需要培养的是具备专业知识和技能的高技能应用型人才。传统的教学模式可能会致使学生"学到的知识不会用"，无法胜任将来的工作岗位。要提高学生的职业能力，在教学过程中必须创设与职业岗位相匹配的职业情境，形成"做中教、做中学""教学工厂化"模式，调动学生的积极性，激发学生的学习动机。

职业情境的创设，首先，应具备真实的职业环境，例如，校内实训车间、校外实训基地、仿真实验室等，为学生提供用心、动手、动脑的机会。其次，应了解职业岗位所要求具备的能力。这就需要教师深入企业调研，分析工作岗位及要求。再次，应强调教学过程的互动性。教师由传统的主导者变为指导者、引导者和服务者，不仅要向学生传授知识，还要实现课堂的互动，实现教师与学生、学生与学生之间的交流，在互动中帮助学生形成全面、综合的职业能力。最后，应强调教学活动的开放性。行动导向教学法中的项目教学法要求学生在课前搜集资料，研究工作项目；角色扮演法给学生体验职业岗位角色的机会；案例教学法将各种真实的案例展示给学生，让学生对案例进行思考，以此提升学生解决问题的能力；学生通过小组合作，共同协商完成任务，进而明白团队的重要性；学生进行成果展示，教师进行肯定性评价，学生的自信心得到增强，语言表达能力得到锻炼。开放的教学活动可使学生得到全面发展。

（七）编写以工作任务为载体的相关教材

中职学校现在使用的教材存在很多不足之处，例如，突出理论知识的学习，忽视实践技能的训练；突出教师的主导地位，忽视学生的主体地位；教材内容理论性强，不适合中职学生的学习基础和心理特点。因此，编订与行动导向教学法配套的教材是非常重要的。

以典型工作任务为载体的教材打破了传统教材对知识系统性和完整性的重视，教师通过对企业进行充分调研，分析各工作项目所需的职业岗位能力，归纳典型工作任务，总结完成该任务所需要的理论知识和专业技能，再对教材知识进行重新整合，设计一个个适合企业需求的工作项目，并以每一个工作项目为一个单元。在教材撰写过程中，还应当融入任务式、案例式及项目式等教学方法，全面体现中职学校专业要求，同时要积极探索理论与实践的结合点。

学生的学习活动围绕完成每一个典型工作任务展开，教师为学生提供完成任务的场地，并在教学过程中对学生进行行为导向，引导学生解决各种具体问题。一系列的工作任务完成后，学生很自然地就理解了企业的生产流程，专业知识和技能都得到了提升。此外，在教材编写过程中还要注意以下问题：

一是教材编写要体现教育教学的综合性；

二是在编写形式方面，要注重创新，及时增加企业的新工艺、新技术，使教学活动紧跟市场需求的步伐。

（八）优化以学生发展为目标的评价体系

传统教学评价方式的不足之处：教师是唯一的评价主体，忽视了学生的主体地位；以智育的高低作为唯一的评价标准，重视学生考试分数，而忽视了学生其他方面的评价；常用总结性评价方式，而忽略了对学生学习过程的评价。

行动导向教学法对中职学校教学的评价提出了更高的要求。行动导向教学法不仅重视学生的学习结果，更注重学生的学习过程，不再"以分数论英雄"，而是注重培养学生的综合职业能力。行动导向教学法会对学生在学习过程中的团结协作、组织协调、积极性、主动性、创新性、纪律性、沟通能力等进行全方位的评价。因此，中职学校必须改革传统、单一、片面的评价体系，建立基于行动导向教学法的多元评价体系，在教学过程中采用形成性评价和终结性评价相结合，自我评价、小组互评、教师评价相结合的方式：形成性评价可以对学生日常学习过程中的表现、所取得的成绩以及所反映出的情感、态度、策略等方面的发展做出评价，激励学生学习，帮助学生有效调控自己的学习过程，使学生获得成就感，增强自信心，培养合作精神；终结性评价可以让学生对自己的学习成果有所了解，便于后续学习的取长补短；自我评价可以促进学生自主学习的积极性，促使学生主动改善学习，自我反思学习过程中的不足。在小组互评中，同伴的赞赏、鼓励更能激发学生的学习热情，可以互通有无，取长补短。最后，教师要对学生的学习成果进行总结性评价，既要给予学生鼓励性评价，也要对学生的不足之处提出修改意见。

第二节 模拟教学法在中职学校专业课中的应用

一、模拟教学法的认知

想要让模拟教学法为专业知识学习、专业技能掌握、职业素养培养提供服务，就必须首先了解模拟教学法的概念及概念具有的内涵特点，只有在了解的基础上，才能科学地利用模拟教学法，借助模拟教学法开展中职专业学校教学方法方面的改革。具体来讲，从不同角度对模拟教学法做出的定义是不同的，形成的概念主要有以下四个：

第一，模拟教学法是指遵循时间发展顺序及事件的逻辑发展顺序，并借助模型将原有的事件和流程复制出来，使原有事件和流程的基本特征和功能表达出的方法。

第二，模拟教学法是指利用教学手段及环境作为教学目标而进行的引导型教学模拟行为。

第三，模拟教学法是指借助模拟器或者创造模拟情境让参与者在情境当中饰演某一个角色，并利用情境与其他的人和事进行充分互动，并在此过程中完成学习。模拟教学法主要的作用是获取信息、掌握技能、培养决策能力。

第四，模拟教学法指的是在人为创造的环境当中掌握知识、掌握技能及能力的一种方法。模拟训练的特点是为学生创造逼真的教学情境，而且重复为学生提供训练机会，在训练的过程中可以随时评价，不需要花费过高的教学成本。

虽然从不同的角度定义模拟教学法所获得的概念表述是存在差别的，但是其具体内涵基本一致，可以将其概括成在老师的引导支持下学生通过模拟的工作情境获得虚拟的模拟角色，然后进行和岗位职业有关的学习与训练的教学方法，这种方法也可以称作模拟实习法或模拟练习法。受到专业特殊性的影响，中等职业学校有一些专业没有办法直接顶岗实习，比如建筑专业、医护专业等，因此，预先在模拟的环境中进行专业训练非常必要，可以让学生了解教学内容，提升学生的专业技能水平，培养学生的职业素质。通过模拟教学法的训练，学生将会更加适合未来的岗位需求。

（一）模拟教学法的原理

1.模拟教学法的主体性原理

模拟教学法主要体现的主体性原理包括以下几个方面：

布鲁纳的认识发展说为模拟教学法能够激发学生主体性这一观点提供了理论支持。布鲁纳是知名的心理学教授，是现代认识学习理论的代表人物，他的理论发展以"格式塔"学派及皮亚杰发展心理学学说为基础，而且他还对杜威的教育思想进行了一定的批判和延展。他在12世纪60年代发表了认知发展说，该学说指导美国进行了一系列课程改革。布鲁纳提出的认知发展说当中比较重要的一个观点是"发现学习"。"发现学习"指的是应该以儿童作为学习主体，教师应该鼓励学生自己思考，开发自己的大脑，让学生养成主动思考的习惯，只有学生主动积极地思考了，学生才能变得活泼，才能够自主地去解决学习问题、生活问题。

建构主义学说为模拟教学法能够激发学生学习主体性这一观点提供了支持。学术界认为建构主义理论是由皮亚杰提出的，并且把建构主义理论评为当代教育心理学的革命。它的突出特点是把学生作为学习的中心，认为学习需要学生主动建构，学生并不是知识的单纯接受者，教师负责帮助学生进行学习意义的建构。建构主义主要强调三个教学原则：一是主体性原则，主体性原则是指教师应该激发学生学习的主动性、创造性及独特性，让学生自主积极地构建知识体系，为学生创设可以主动学习的机会；二是建构性原则，所谓的建构性原则是指教学不应该是知识的灌输，而应该是知识的启发，启发学生进行知识建构；三是相互作用原则，所谓相互作用原则指的是教师应该加强学生之间的合作，开展小组讨论活动，通过学生的交流合作、互帮互助实现学生彼此的相互作用和相互促进。

行动导向教学理念为模拟教学法能够激发学生主体性这一观点提供了支持。行动导向教学理念坚持在学习活动当中体现学生的主体性，它强调虽然学生需要根据教师的指导开展活动，但是学生本质的发展依赖的是学生自己的积极努力，也就是说，学生的主体性才是学生成长的主要原因和动力。具体来讲，行动导向教学理念体现的学生主体性是：学生是开展各项活动及行为的主体，学生应该在和职业情境比较接近的环境当中开展学习行为，进行独立的活动策划、活动实施、活动评价，与此同时，借助师生之间的合作或者是学生之间的互动合作来促进学生的知识掌握。空间行动导向教学理念认为学习的目标是在职业情境中掌握学习能力、技术能力。

中国主体性教学思想为模拟教学法可以激发学生学习主动性观点提供了支持。中国主体性教学思想是指我国在教学改革、教学发展方面取得的主要研究成果，主体性教学思想是指利用学生的主动学习实现学生个体的成长和发展的一种教学思想。它的观点主要体现在两个方面：一是应该以学生作为活动的主体；二是教学的主要目的是激发学生学习的主体性、创造性及独特性。根据这两个方面

的要求,可以从以下六个方面进行主体性教学改革:

第一,要把学生当成学习主体。我们这里说的把学生当成学习主体需要在整个学习过中都把学生当作主体,学生作为主体和教师在教学当中的作用是不矛盾的。教师的主要作用是利用自己的教学主导地位激发学生去主动学习、积极学习,也就是说,教师应从环境创设的角度为学生提供保障其轻松学习的友好环境,与此同时,刺激学生积极主动地参加学习。除此之外,注重学生的个性表达,观察学生的内心需求,为学生提供符合所需的帮助。

第二,要让学生积极主动地参与教学活动。也就是说,学生不应该被迫参加活动,学生应该为自己未来发展的需要选择主动参加活动,这样学生才会永远保持学习动力,如果学生不主动参加,那么主体性教学就无法真正实现。

第三,要引导学生利用合作的方式学习知识、掌握技能。主体性教学理念指出教学除了涉及知识的传递,也涉及沟通方式的学习,在交流合作沟通的过程当中,学生可以反思自己的行为,也可以拿自己的评判标准对其他人做出点评,这可以实现学生彼此的成长和进步。与此同时,合作可以让学生拥有集体智慧,集所有人的合力获得更高效的学习成果。在合作的过程中,学生个人的团结协作意识也会有所增强,有助于开展其他方面的合作探究。

第四,要刺激学生让学生进行自主的知识学习。这指的是学生作为学习个体应该主动地加入学习环节,而不是被动地参与学习环节。

第五,要有助于培养学生的创造性思维。对于学生的发展来讲,创造性思维是非常重要的,创造性思维可以帮助学生解决多种多样的问题,帮助学生进行知识的迁移和创新,可以让学生的学习探究过程充满想象性,让学生始终保持探索欲望。

第六,要让学生获得更多成功体验。中职学校的学生一般情况下在义务教育阶段学习成绩不理想,从学习中获得的成功体验是比较少的。心理学知识指出,如果一个人尝到了成功的喜悦,那么他会产生更多对成功的追求,想要获得更多的成功。因此,让学生获得成功性的体验可以让学生更快乐地学习。

综上,我们发现模拟教学法体现的主体性原理是非常鲜明的,也正是因为这些主体性原理的存在,模拟教学法才有助于现代职业教育的教学改革。它符合教学改革提出的体现学生主体和教师主导思想的要求,它能够激发学生的创造性、独特性及主体性,有助于实现学生的个性化发展,并让学生在学习当中收获快乐、体验成功,有助于学生长久维持学习热情。

2.模拟教学法的实践性原理

（1）夸美纽斯提出的活动原理

夸美纽斯是捷克的知名教育家，他的《大教学论》是西方教育历史当中首部体系构造完整的教育学著作。他提出，教学要让学生在实际活动中去认识知识、探索知识、改造知识，因此，他强调教育活动原理中最重要的一点是从实践中去学习去认识。

（2）杜威提出的在做中学的思想

杜威是美国知名的心理学家、哲学家及社会学家，他在教育领域提出的理论就是在"做中学"，这里的"做"指的是主动作业及手工作业，他认为在组织教学活动时，不能把学科体系当作活动组织的中心，而应该把学生的主动作业及手工作业作为组织的中心，要从实际行动当中获取知识。他认为，主动作业和手工作业极其重要，其重要性体现在四个方面：首先，手工作业可以锻炼学生的思想，训练学生的品德，可以帮助学生养成勤劳的学习习惯，让学生有更强烈的义务感；其次，手工作业可以让学生形成合作意识；再次，手工作业可以实现学校和家庭之间的关联，让儿童的经验学习有一定连续性；最后，手工作业可以为学生创建情境，能够让学生加速掌握实验技能和实验方法。

（3）马克思主义哲学实践观

马克思认为所有的真理都来自实践过程，主观认识和客观事物之间存在的联系就是实践，通过实践，主客观之间才能产生关联，主观才能对客观做出正确的认知。经验主要有两类，一类是直接经验，另一类是间接经验，但是无论哪一类经验都是通过实践而形成的。

（4）行动导向教学的实践观念

所谓的行动导向教学指的是把职业实践活动当作学习的主要导向，在生产实践的过程中进行教学内容的传播、技能的训练，以及能力的培养，让教学体现出更强的职业特性、实用特性。行动导向教学遵循的流程是获取资讯、进行规划、得出决策、具体实施、检查和评估，这所有的流程都由学生独立开展，在实践的过程中，学生可以和老师互动，可以和同学合作，以此来提高自己的技能素质和知识水平，构建属于自己的知识体系。

除此之外，模拟教学法在实践性原理的基础上利用学生的动手操作展开教学，把岗位任务设成教学目标，让学生在生产活动的模拟过程中学习，以帮助学生适应后续的职业工作，让学生掌握操作技能，同时也学习到理论知识，通过二者的结合，让学生同时掌握理论和技能，满足社会对高素质技能型人才提出的发展要求。

3. 模拟教学法的直观性原理

（1）夸美纽斯提出的直观性原则

夸美纽斯认为知识来源于感觉，他强调需要体现知识的直观性特点，因此他在感觉论哲学的基础上提出了直观性原则。他提出直观性原则的主要依据有三个：首先，所有知识都是从感官学习开始的；其次，人们对知识真实性、准确性做出的判断大多数依赖于感官；最后，记忆力主要依赖的也是感官，通过感官获得的知识基本可以永久地保存在记忆中。分析夸美纽斯提出的直观性原则，虽然存在作用夸大的嫌疑，但是这个理论的出现改变了当时知识学习死记硬背的风气，让学习变得更加直观、容易，所以说，该理念的提出是具有一定时代含义的。

（2）裴斯泰洛齐提出的直观性原理

裴斯泰洛齐是瑞士民主主义的知名教育思想家、改革家。他的直观性原理是在夸美纽斯、卢梭等人的观点的基础上发展而来的。他指出，一切认识的获得都需要依赖直观作为基础，因此，在教学的过程中，该理论指的就是需要从直观的角度出发展开学习，记忆知识、理解知识。具体来讲，他的直观性原理涉及两种类型：一是被动直观，二是能动直观。这两种直观类型是互相依存的，被动直观类型可以让主体把客观现象吸收到自己的脑海中，然后依赖能动直观把客观现象理解成理性的认知。也就是说，知识的形成首先是从感性印象开始的，然后通过精神力量将感性现象变成理性的知识。

模拟教学法中运用了直观性原理，而且直观的学习方式是模拟教学法形成的主要特色之一。它让学生在教师创设的情境中进行直接的技能学习、知识学习，这种直观的学习方式适合中职学校学生的特点，相比于抽象思维的认知，这种方式可以让中职学校的学生有一个知识学习的过渡，更有利于知识的吸收。

除了我们上述提到的主体性原理、实践性原理及直观性原理之外，模拟教学法还涉及其他的理论基础，例如开放性原理、互动性原理等，这些都需要慢慢地进行深入研究，并不断掌握、完善。对理论基础有更深入的理解可以帮助教师更好地运用模拟教学法，充分发挥模拟教学法的作用。

（二）模拟教学法的特性

模拟教学法可以让学生在仿真的情境中转换身份，由操作的旁观者变成操作的当事人，把学生的学习兴趣充分地激发出来。

1. 主体性

我们通常情况下在传统课堂当中感受到的教学主体都是教师，教师代表课堂的权威，但是在模拟教学法中，教师和学生的角色发生了变化，学生是主体，教师负责帮助学生学习知识，引导学生思考问题，教师要为学生提供能够让其愉快学习、轻松学习的氛围，教师还要为学生解决问题提供思路，引导学生慢慢掌握解决问题的方法。与此同时，鼓励学生进行创新，充分发挥学生的主体性，让学生真正成为学习的主人，鼓励学生拓展思维，把所学的理论知识转化成实际的能力，整体地提高自己的素养水平。

2. 应用性

模拟教学法体现出的另一个特点就是注重实践兼顾理论，它主张应该做到学以致用，与此同时，又通过应用来带动接下来的学习。在教师为学生提供的仿真环境中，学生可以成为虚拟的工作角色，模拟真实的岗位人员的工作行为。学生在仿真的环境中应用知识解决实际问题，将做和学充分结合在一起，通过理论和实践的双重培养让学生敢于面对问题，并形成解决问题的能力。在模拟训练的过程当中，学生除了可以锻炼自己的技能，对知识有更深入的理解之外，还可以不断地完善自己的知识结构，让自己的技能水平和毕业后工作岗位的要求更加吻合。

3. 互动性

模拟教学法的运用需要教师鼓励学生积极参与模拟训练，积极与教师和学生交流互动。教师和学生之间的互动是纵向的，教师可以给予学生问题指导；学生和学生之间的沟通是横向的，可以彼此分享经验。在模拟教学法的实施过程中一定会存在互动性，这里的互动性是言语特征和非言语特征之间进行的沟通。教师在运用模拟教学法设置模拟教学环境的过程中，必须突出主体因素的多边互动性，让多边参与到模拟教学活动中，搭建一个多边参与的、立体的信息交流网络。对于教师来讲，一定要将模拟教学活动中的资源充分地利用起来，通过资源促进教师和学生之间、学生和学生之间的连接互动。

4. 开放性

在传统的教学过程中，课堂会受到时间限制及空间方面的制约，而且教师会根据教材的设定传达知识，导致学生学习到的知识面不广、知识量不足，无法进行本学科和其他学科之间的融合。然而，模拟教学法不仅可以为学生提供特定的情境，还可以为学生提供知识资源、信息资源，它避免了时空之间的局限，让学习情境变得更加开放，有了更大的包容性。在情境当中，很多知识可以发生交叉组合，被学生运用。由此，我们说，模拟教学法充分地刺激了学生，让学生的思路更加开阔，让知识可以被灵活运用，学生也可以在模拟教学法中获得更加多元的结论。

5. 创造性

教师是根据学生的需求为学生精心设计个性化的学习情境的，因此这样的情境可以激发学生的创造力、想象力，引导学生去探索知识、思考知识之间的关联，发挥自己的创造性想象，将知识运用起来，解决更多的实际问题。因此，当前的中职学校会在实践教学环节使用模拟教学法，能够培养学生的创造性才能，容易培养创造性人才。

6. 情境性

模拟教学法以解决实际工作中的问题为主要导向，学生需要在情境中慢慢地寻找解决问题的方法，这就避免了传统教学过程中教学内容的直接灌输，也就是说，模拟教学法是教师给学生提出与现实工作比较接近的问题，让学生在情境中感受问题的复杂性，并让学生去自主探索，并把学习到的理论知识应用于解决问题的过程中。因此，我们说，模拟教学法体现了非常强的情境性特点。

7. 评价过程性

模拟教学法对学习进行的评价需要结合学习过程，教师会通过学生具体问题的解决来评价学生的学习效果，也就是说，教师会针对学生的学习过程进行评价，而不是让评价和教学过程分开。在学习过程中，学生通过自己的知识去解决问题可以获得满满的成就感，而且因为问题具有一定的综合性，所以解决问题的过程就是完成教学任务的过程，对过程进行分析可以更好地掌握学生的学习效果。

（三）模拟教学法的分类与作用

当从不同的角度出发对模拟教学法进行分类时，如果类型不同，那么模拟教学法针对的对象及适合的学习氛围也不同，因此，需要明确以何种标准对模拟教学法进行分类，并让不同类别的教学法发挥其针对性的作用，促进提升专业教学效果。

1. 模拟教学法的分类

（1）从模拟规模的角度进行分类

如果从模拟规模的角度分，可以把模拟教学法分成全部模拟和局部模拟两种形式。

全部模拟指的是在一个教学项目的过程中全程模拟。举例来说，如果要开展建筑专业的名为"家庭装饰设计"的模拟教学项目，那么，应该从接到这个项目任务开始就进行模拟。接到任务后，首先要了解客户提出的要求，然后在市场当中调查各种材料的情况及人工情况，调查完毕之后设计方案，并和客户沟通，对方案中的有些内容进行修改，达成一致后绘制正式的施工图，给出工程报价，最后呈送给客户，并调查客户的满意度。对全过程进行模拟，可以让学生了解整个项目所涉及的所有技能。

局部模拟指的是在一个教学项目实施的过程当中进行部分过程的模拟。举例来说，在进行项目土建的施工过程中可以进行一部分内容的模拟，项目土建的施工过程主要包括地基的建设、基础建设、主体建设、防水建设以及装饰工作等，可以针对某一个工序展开局部模拟。

这里探讨的全部模拟形式和局部模拟形式只是相对来讲的，并不是说要绝对这样做，如果一个项目的模拟过程是基本完整的，那么，也可以将其划归到全部模拟形式中。

（2）从模拟对象的角度进行分类

如果从模拟对象的角度进行分类，可以将模拟教学分成设备模拟、材料模拟、情境模拟及人物模拟四个形式。因为这种模拟的本质是进行替代，利用模拟的情境去替代真实工作过程中的某些部分。替代部分的不同，导致形成了不同的模拟类型。

首先，设备模拟。所谓设备模拟指的是替代项目开展过程中使用的真实设备。这种形式适用于设备缺乏或真实设备操作存在一定危险性的情况。举例来说，学习电梯维修专业的学生，刚刚接触实训时可能会比较紧张，手忙脚乱，容易导致错误的出现。如果使用真实的电梯，那么大概率会引发安全事故，容易造成人身伤害。因此，可以利用仿真的电梯设备来代替真实的设备，让学生在虚拟的过程中掌握电梯故障的判断方法、解决方法，掌握这些基本方法之后再去维修真的设备会更加顺利。

其次，情境模拟。所谓情境模拟是指替代实际工作中的工作情境，利用虚拟化的情境来让学生了解将来工作的实际环境，了解将来的工作岗位有哪些特殊规范。这种虚拟化的情境可以加深学生对工作岗位的理解，能够促进学生职业素养的提升。当前，使用的情境模拟教学方案主要的类型有三个：第一，模拟工厂情境，这种类型主要适合技术类的职业；第二，模拟公司情境、法庭情境，这种类型主要适合经济、法律及服务等方面的职业；第三，模拟计算机环境，这种类型主要适合与数控技术有关的职业。

再次，材料模拟。所谓材料模拟指的是替代项目开展过程中的真实材料。开展实践项目可能会受到材料的影响，因此，可以用其他的材料来替代。举例来说，在剖析建筑构件的受力变形情况时，可以利用海绵来代替建筑项目中使用的混凝土。

最后，人物模拟。所谓人物模拟指的是模拟工作场景中的某个角色、某个岗位，比如说让学生模拟会计员、材料员等。

（3）从模拟仿真度的角度进行分类

如果从模拟仿真度的角度进行分类，可以分成仿真模拟和近似模拟两种情况。

所谓仿真模拟是指模拟中的训练和真实的训练是基本一样的。学生仿佛是在真实的环境中、在真实的岗位上进行操作，可以获得和真实岗位没有区别的技能培养、技能提升。举例来说，德国建设了很多商务模拟公司，主要是为学生提供营销实践和企业管理实践，学生在这样的实践模拟公司中进行项目模拟时，产品是虚拟的、服务是虚拟的，但是，商务票据的开发、商务记录、成本的计算、利润的计算、通信网络的设置等都是按照管理规则进行设置的，可以说，仿真模拟为学生提供了非常逼真的模拟教学。

所谓近似模拟是指模拟中的训练和真实的训练是近似的。这种情况和真实的工作情况相似度没有那么高，举例来说，在进行汽车驾驶模拟的过程中，无法为学生提供道路状况显示屏幕，因此只能为学生提供相似程度较低的模拟。

2. 模拟教学法的作用

模拟教学法为学生提供职业情境，要求学生在模拟情境当中完成一定的任务，也就是在实践当中实现教和学。这种方式更有助于学生知识的获得、技能的提升、素养的养成，对于中职学校的学生来说，模拟教学法的作用主要有三个：

（1）提升学生对专业学习的积极性和信心

在模拟教学的准备阶段，教师会让学生复习之前学过的知识，预习即将要学的知识，并且鼓励学生去自主查询资料。在真正的操作阶段，学生可以利用自己获得的信息及自己当下的能力水平去分析问题、解决问题，学生通过这一系列的操作可以获得成就感。此外，这个过程还可以寻求教师的指导，或与同学进行分享合作，学生通过互帮互助可以突破自己的问题难点，实现自我成长、自我超越。在模拟教学结束后，学生可以针对彼此的表现进行评价和反馈，让学生了解自己真实的长处和缺点，从而做出及时调整。

（2）提高学生的综合能力水平

首先，提高专业能力。模拟教学法可以让学生在模拟训练的过程中把理论知识应用于实践，这个过程不仅可以让学生对理论知识进行转化，还可以让学生慢慢地了解职业岗位的需求，不断地调整自己的能力发展方向，不断地调整自己的知识体系结构，让自己的专业能力更符合未来岗位的需求。其次，提高方法能力。在模拟训练的过程中，学生需要利用已知的知识和已经获得的经验去解决、分析问题，这一过程不是学生简单地照搬理论就可以完成的，而是需要学生结合具体问题展开具体分析。学生可能会遇到之前从来没有遇到过的问题，这时就需要学生激发自己的想象力、开拓创造性思维，将之前的知识和经验灵活地运用到问题的解决过程中。与此同时，学生在进行这样的思路延展的过程中，可以形成整体性的大局观，可以从整体的角度去看待问题。最后，就可以提高社会能力。在模拟实践的过程中，很多问题的解决需要团队的合作，因此这个过程可以提高学生的合作能力、沟通能力、协调能力、组织能力、表达能力，让学生有更强的团体责任感、责任意识。

（3）为学生提供良好的学习情境

良好的学习情境表现为：第一，在模拟教学中，通过模拟器具或计算机仿真技术的运用，可以将内在原理与隐蔽部件生动直观地展示出来，让学生在有趣形象的情境中进行学习，例如，用三维仿真技术模拟发动机的内部工作；第二，模拟教学与现场教学相比，学习环境的有序性、安全性得到提高，可有效避免学生在危险与复杂的环境下进行技能训练；第三，一个模拟器具或模拟环境可用于多种不同的学习目标和问题情境，节省了在真实环境下训练设备与材料的投入；第四，学生可以在模拟的情境中，反复多次地进行训练，既熟练了技能又尊重了个体学习差异。

二、模拟教学法在中职学校专业课应用中的原则

为了让模拟教学法能够真正在中职学校专业课教学中发挥作用，在应用模拟教学法时应该遵循下列"四个统一"的基本原则。

（一）环境建设适用性与经济性统一的原则

模拟教学有效实施的前提是要配备相关的教学环境，且环境要有较强的适用性，这能够为学生学习提供有利的外在条件。模拟教学环境建设不是传统意义上车间的建设，而是不仅要有相关设施，还要能够提供模拟的工作环境。另外，环

境建设也需要满足经济性要求。

适用性要求，即要以提升学生专业水平及综合能力为根本目标，紧紧围绕教学任务、教学需要，创造与真实工作环境相近的教学环境，让学生能够深入了解专业知识在工作场景、工作任务中的应用，提升学生的理论学习及动手实践能力。

经济性要求，即要在满足教师、学生对教学环境的基本要求的基础上，最大限度地降低资源消耗。一是所需资源总量最少。模拟环境的建设一般会通过多种方式论证建设方案的可行性，有效减少资源浪费。二是资源使用形式最恰当。伴随近年来的教育改革，中职教育免费将会逐步实现，在此情况下，学校不足以支撑模拟环境建设，因此，这些学校要充分发挥社会各界的力量，让多方共同参与建设，共享建设成果。这种方式不但能够减轻学校的压力，还能够为相关方提供便利。为了实现这个目标，学校要制订完善的建设计划，让社会中的多方力量参与，使其不仅要满足适用性的要求，还要满足经济性的要求。

（二）教学专业性与思想性统一的原则

模拟教学法要与教学目标相匹配，既要体现教学专业性，又要体现教学思想性，实现教书育人的目的。

在专业性方面，模拟教学能够真实反映客观事件，并能够呈现专业知识及技能。专业性主要表现为内容新、理论实际相结合、内容规范。在思想性方面，模拟教学能够注重学生基本价值观、基本道德规范、职业道德等方面的培养。从专业性及思想性的关系来看，前者是后者的基础，后者是前者的保障。因此，模拟教学法在提高学生专业素养的基础上，能够塑造学生的优良品德，并能够注重学生的个性发展。

（三）教学形式与教学内容统一的原则

模拟实训与演"戏"不是一个概念，模拟实训的核心在于训练，而不是"演"，主要目的是提高学生专业素养及相关能力。因此，在模拟实训过程中，教师要让学生集中精力完成学习任务，并引导他们根据自己的岗位要求，积极思考实训中出现的工作问题，并提出解决方案。教师设计实训课程时，要紧紧围绕教学内容展开，不能因为追求形式上的丰富，而忽略了教学任务，因此，如果只是为了应用模拟教学法而脱离教学目标及教学内容，不仅不能发挥该教学方法的价值，也会使教学质量大打折扣。

（四）教师主导性与学生主体性统一的原则

在模拟教学的过程中，教师要始终发挥主导作用，学生始终是模拟教学的主体。对于教师，要分清自己和学生在教学过程中的角色。教师要扮演好以下三种角色，分别为教学的组织者、学习效果的评价者及教学的导演。学生应该扮演好以下四种角色，即问题分析者、问题决策者、问题解决者及演员。在教学过程中，教师应该提升学生学习的积极性与主动性，让他们对学习产生乐趣。模拟教学法能够为学生提供新的学习环境、学习方法，学生会因此产生新鲜感，但是，当学生熟悉了新环境、新方法，其学习兴趣会随着新鲜感的消失而消失，因此，除了外在因素，教师还应该主动调动学生的积极性，引导他们主动学习。

三、模拟教学法在中职学校专业课中的应用实践

为了深入探究模拟教学法的作用，下面以建筑专业教学实际为例，研究模拟教学法的应用情况。在中职教育中，相比其他专业，教师及学生对建筑专业的重视程度较高，对建筑专业的研究也具有代表性。建筑业的特点包括工程耗资多、周期长、流动性大、隐蔽性强及危险性大，这些特点导致教师无法开展现场实践教学，对学生深入理解建筑专业知识造成了一定阻碍。

（一）模拟教学法在中职学校专业课应用中的效果

随着模拟教学法被教育界熟知，其在建筑专业教学中也开始普及，与该方法匹配的软硬件设施也在持续建设中，以供学生、教师使用，该方法有效促进了专业课教学改革，进一步提升了中职学校建筑专业的教学水平。

1. 促进中职学校建筑专业发展

（1）改善实践环境

以前，为了更好地模拟建筑岗位的工作环境，很多学校都会建设各式各样的工作间，其中，普遍都会设有以下车间，分别为抹灰车间、木工车间、材料实验室、架子工车间、维修电工车间、钢筋车间以及测量实训车间等，每个车间仅能让学生了解一个工种的工作内容，由于施工现场环境复杂，教师无法让学生到现场参与实践教学，极大地限制了学生的能力培养与提升。近年来，伴随专业课教学持续改革，行动导向教学法受到越来越多学校的青睐，模拟教学法的应用越来越普遍，在该教学方法的引领下，模拟教学设施开始在学校流行。从当前设施的建设与应用情况来看，学校建设的模拟教学设施主要包括以下七类：建筑模拟

公司、招标模拟室、模拟工地、项目管理沙盘、电梯安装与维护模拟设备，以及给排水模拟设施等。除此以外，有的学校具备一定的自主研发能力，可以自行设计、生产模拟设施。学生通过使用这些模拟设施，可以更加了解真实建筑工地场景、深入理解建筑岗位工作，对于学校来说，也有助于提高办学能力。

（2）提升社会效益

该方法的应用能够使学校办学得到社会相关领域人员的认可，提升学校的知名度和办学口碑。模拟教学法的应用能够提升家长及社会用人单位对学校与学生的信任程度。以前，家长对于建筑学校的印象是设备简陋、实践环境杂、乱、差，但模拟教学法的应用直接扭转了家长对学校教学环境的看法。除此之外，在模拟教学过程中，学生能够通过更贴合实际的工作环境对岗位职责、工作内容有更切身的体会，这对于提升学生工作能力起到了极大促进作用，且学生毕业后也能够更容易适应工作环境，用人单位也更青睐于这类学生。无论是家长，还是用人单位，都会提升对学校办学的满意度，对于学校来说，建筑专业招生更加容易，该专业的就业前景也会显著提升。这些变化的实现需要学校进一步重视教学质量，配备完善的模拟设施。学校通过应用模拟教学法，不仅能够提升家长及用人单位对学校的满意度，也可以得到行业主管部门的肯定。该方法能够在较大程度上改善学校设施，有效地加强教育辐射功能，因此，许多行业主管部门对这种方法的应用给予了高度肯定。

2. 激发专业教师的教学与科研热情

（1）提升教学积极性

从中职教师教学现状来看，中职学校需要进一步提升教师教学的积极性。模拟教学法最大的优势在于能够极大增强师生之间及学生之间的互动，同时，还能够使教师充分发挥专业才能，创新教学模式。模拟教学法在提升学生学习乐趣的同时，还可以激发教师的教学热情。通过实地考察了解，发现很多教师都喜欢模拟教学法，经常利用休息时间研究模拟设备，希望能够呈现更好的课堂效果。

（2）激发科研热情

在教学改革方面，模拟教学法发挥了极大的作用，同时，在一定程度上也提高了教师投身科研的热情。

（3）增强学习自信

相比传统教学方法，模拟教学法更受到学生的青睐，不仅使学生学习的积极性、主动性有了明显提高，同时，也增强了学生的学习自信。这种自信是因为知识学习变得更加轻松，以及学生感受到了参与、互动的乐趣。

第一，学有所获。在课堂上应用模拟教学法时，学生可以通过自己动手、演练来深入理解专业知识的原理，让书本上抽象、复杂的知识转变为直观的场景、现象。这种方式与学生认知能力相匹配，因为处在中职阶段的学生，他们已经可以正确理解具体事物、现象，正在开始尝试对抽象事物的理解，模拟教学法可以提升学生对抽象事物的认知能力。

第二，学有所成。众所周知，当做成一件事情后，人们的信心就会增强。通过模拟教学法，可以使学生解决工作中的实际问题，并允许学生犯错、给予学生改正的机会。在教学的过程中，教师给学生分派任务，并鼓励学生不断尝试，最后解决问题、达成目标。在这个过程中，学生能够感受到努力和成功的乐趣，随之信心也会增强。经过这样的训练，学生在施工现场实习的时候，会更加自信，能够勇敢说出自己的想法；在专业技能大赛上，学生也能稳定发挥，勇敢向对手发出挑战，并且经常能够取得优异成绩。

（二）模拟教学法在中职学校专业课应用中存在的问题

当前，模拟教学法已经在部分学校的教学实践中取得了初步的教学成果，受到了教师和学生在一定程度的认可，但是，随着模拟教学法在教育层面的深入实施，这种教学方法也逐渐暴露了一定问题。本节将从建筑专业的视角，通过研究和分析模拟教学法在建筑专业教学过程中的最佳应用模式，合理解决已经出现的问题和困境，并探索出一条有利于模拟教学法实现更高教育价值的发展之路。

1. 教学设施有待投入

随着我国经济环境和产业结构的优化升级，市场对具备专业职业技能的人才需求逐渐提升，这导致我国的职业教育愈发受到社会各方面的重视。目前，我国很多省市地区的中职学校的教育环境都有了很大的改善，教学设备和各种教育资源分配都赶超高等学校。例如，福建省的部分建筑类中职学校都专门开设场地，建立了能够容纳近 200 名学生同时进行知识实操的"建筑施工模拟工地"，不仅实践场地面积大，而且目前实际建筑场地中会使用的专业设备也都囊括在内。对此，学校还有针对性地聘请实践经验丰富、教学能力强的人员为专职教师，以帮助学生尽快地熟练应用这些设备，进而提升实践能力。但是，目前能够实现这一教学规模的学校在全国范围内还是数量较少，一方面，学校在购买这些设备的程序上存在困难；另一方面，学校购买这些专业设备的目的是教学，而研发和生产具有专门教学功能的实操设备既成本高又会在一定程度上造成资源浪费，导致很多相关厂家不愿意提供类似的设备产品。由此，这种教学设施的落后，阻碍了模拟教育法真正发挥出在教学过程中的特有功效。

2. 师资力量有待加强

由于模拟教学法不再局限于单纯地知识讲授，它要求教师不仅要具备较高的专业知识水平，还要掌握各种专业技能的操作步骤，并且对学生在实践过程中遇到的困难和困境要能及时给予恰当的解决方案。在这一层面上，中职学校的建筑专业任课教师必须要具备较高的专业素养，无论是在模拟教学法的实践中，还是在常规的知识讲授上都具备"过硬"的实力。但是，一直以来，中职学校并没有受到社会各方面的重视，因此在师资资源的配置上存在严重不足。

中职学校的教师要对模拟教学法的教学理念、教学目标、教学环节等有全面的认识，因为只有对方法本身有了更深的理解，才能够在恰当的环节或步骤与教授学科的知识点进行有机结合。目前，很多教师只是在概念上对模拟教学法有一定的了解，但对具体的实施情境，以及在实践过程中可能出现的问题和阻碍了解甚少，此外，缺乏必要的实操经验也是造成很多教师不会轻易在教学计划中广泛使用模拟教学法的原因之一。

中职学校的教师需要具备较高的综合能力素养。如若要在教学过程中实践模拟教学法，教师的讲课场所会被划分为传统的课堂和情境实践场所，这就要求教师要具备较高的组织能力和课堂掌控力，否则既会导致模拟教学过程杂乱无序，学生也不会有所收获。另外，模拟教学法为教师和学生提供了与实际场景高度相似的场所和情境，这就要求教师一方面要拥有较为全面、丰富的专业知识储备，另一方面还要求教师要具备流畅的语言表达能力，教师要能够用简洁易懂的语句把复杂的事情讲授给学生。

中职学校需要增加师资资源储备。教师的数量和质量将直接影响学生的学习效果，因此在各种教育资源都相对短缺的中职学校，必须要尽快组建起一支知识水平丰富、专业能力较强、综合素养较高的师资队伍，只有这样才能够使学生获得更高质量的教育内容。

3. 专业课教学有待规范

当前，模拟教学法在中职学校建筑专业课程的教学中还未真正发挥出效用，而且在模式的各个环节还未形成较为成熟、稳定、完善的应用程序，具体表现在以下三个方面：

第一，很多学校在应用推广这个教学模式时，更多是只停留在表面的形式上，并未与课程的教学内容深度融合起来，有的甚至是直接生搬硬套。有的教师还为了突出自身追求教学模式的创新，只在教师公开课考核、教改课上简单地进行应用，这不仅没有使新型的教育方法发挥出效用，还极有可能引发学生的不适应情绪，从而降低学生的学习积极性和课堂参与度，教师也会因为较差的课堂反馈，对该教学方法失去信心，从而失去继续深入研究分析的动力和积极性。

第二，学生的学习主动性和积极性依然没有得到明显提升。模拟教学法的根本目的在于促进学生在实践的过程中自发理解和内化知识，并针对实践中出现的问题主动进行思考和研究。然而，目前我国的课堂模式大部分还在延续僵化的"讲练式"课堂，即使是在模拟情景的教学过程中，依然是由教师先为学生进行步骤示范，然后再由学生模仿老师所讲的内容。因此，从根本上看，这一流程与传统的课堂模式相比只是"换汤不换药"，本质上学生依然是被动学习。

第三，模拟情景教学法只集中于单独专业技能的训练，并没有加强综合能力的培养。例如，在建筑专业，教师除了要跟学生讲授具体的管道铺设、焊接等多个工种操作技能的实施步骤，还要在此过程中培养学生的专业职业道德思想，让学生对这一专业产生更加全面、深入的了解。

（三）模拟教学法在中职学校专业课中应用的注意事项

不同学校在学科设置、教学安排、师资力量，以及学生的能力水平方面均存在着不同程度的差异，因此现有的模拟教学法并非适用于所有类型的学校和学生。为提升教学水平和教育质量，避免出现不必要的教学困扰，下面就上述模拟教学法在建筑专业取得的成绩和出现的问题，以及中职学校在推行模拟教学法过程中需要注意的事项进行深入探讨。

1. 深化多元合作共建

当前，如果仅依靠学校自身的人力、物力和财力无法在短时间内将必要的学习资源、学习设备和师资队伍建设完善，因此，与社会外界进行多元合作建设是一条可行性较强的解决该问题的有效途径。

（1）与相关产业内的企业建立起互惠互利的资源平台

一方面，企业投入资金，提供专业设备和工作经验丰富的指导人员，能够有效快速提升学校的模拟教学质量，学生的学习效果也会出现明显改善；另一方面，学校可以为行业输送综合专业素养较高的专业人才，有利于行业长远发展。

（2）将学校的科研活动与企业的产业创新有机结合

每个行业的发展都离不开专业技能的优化升级，而学校的科研活动在专业理论上具备较高的研究水平，企业的创新活动大多是建立在丰富的一线实操经验基础之上的，因此，理论与实践的强强联合，必然会提升行业产业升级的效率和质量。

2.灵活应用模拟教学法

模拟教学法与传统的课堂教学模式相比，除了重视专业技能知识的讲授外，还重视培养学生应用所学知识的能力，这对学生未来的职业规划产生巨大的积极作用。随着社会的发展，建筑行业对于具备更高综合能力的专业人才展现了更高的需求，而中职学校作为专门的培养专业技能的学校，必须更加重视知识教育的实际应用效果，从而真正提升中职教育的教学质量。

虽然模拟教学法能够有效提升学生知识学习和实践的主动性，增强教师与学生之间的交流互动，让学习的过程不再枯燥无聊，但是，目前教育领域还没有探索出一个能够适用于所有类型学校和学生的高效教学方法，模拟教学法同样也存在一定局限，因此中职学校在应用模拟教学法的过程中，要客观地看待这一教学模式，并与其他教学方法有机结合，以实现最佳的教学效果。

（1）灵活、有选择地应用模拟教学法

这一教学方法在具体操作上是指能够创建与现实实际高度相似的模拟情景或实践场景，使学生能够通过借助这一工具扮演相关角色进行所学知识的应用实践活动，从而能够加深对知识的理解。此外，每个学生个体的知识能力水平均不相同，再加上不同专业学科的知识体系也存在差异，因此这就要求任课教师要对所教学科的知识脉络有宏观深刻的认识，从而能够有针对性地在教学计划中结合学生的具体学习情况、教学目标和教学环境应用模拟教学法，发挥出该模式在教学中的特有功效。

（2）与其他教学方法一起组合使用

现在已有的众多教学方法在长期应用的过程中，不断趋于完善，因此在当前的教育环境中依然存在着巨大的教育价值。而模拟教学法由于应用的时间和范围都较为局限，如果在教学过程中只应用这一模式，不仅无法使其发挥出作用，反而还极可能带来负面的教学效果。因此，教师在提前设置教学方案时，要结合各个教学模式的教学优势组合应用，让模拟教学法与其他优秀的教学方法相互渗透，相互启发，互为补充，从而达到最佳教学效果，获得良好教学反馈。

3. 加强专业课教师培训

在采用模拟教学法时，除了以学生为主体非常重要外，由教师主导也不可或缺，因此，高质量运用模拟教学法的前提是加强教师培训。在中职学校，要以"双师型"作为教师队伍培训的指导方向，既要做好在职教师的培训，也要做好兼职教师的培训，同时在教学内容的培训上，也要同时兼顾理论教学和实践两个方面，而在组织形式上，又要结合校内外培训，力求达到"专业教师技师化，企业专家教师化"的目标。

（1）将在职专业课教师的培训放在首位

1）抓好在职教师的职业教育理论培训

由于在中职学校，很多专业课教师毕业于非师范类本专科学校，所以缺乏一定的职业教育教学理论知识。加强职业教育教学理论培训，既能使教师形成现代化的教学理念，同时也能加强教师对现代职业教育教学法的应用能力，如模拟教学法的应用。中职学校培养教师应用模拟教学法的能力可以从以下几方面入手，分别是：①让更多专业课教师参加国家和地方各级骨干教师师资培训；②聘请外来专业人员进校开展专题指导，比如科研机构专家等；③派选优秀教师到模拟教学法应用较好的学校去交流学习，条件允许时也可选择部分优秀教师到国外交流学习；④学校可以与合作单位进行模拟教学法应用的比赛，比如联办企业、模拟教学设备生产厂家或各级经销商；⑤以"推先进""树典型"的方式，让模拟教学法应用能力较高的教师开展"示范课""观摩课""研究课"，将模拟教学法在各学校之间推广。

2）重视在职教师的专业技能培训

中职学校可以采用将校内外培训相结合的方式来加强对在职教师的专业技能培训。第一，校内的培训，既可以将实践经验丰富的企事业单位专家或者能工巧匠聘请到校内，对校内教师开展培训，也可以由校内教师自行组织学习型团队，以"传、帮、带"的方式在校内实训中心开展互助培训。第二，校外的培训，可以选派一部分优秀教师到校外培训学习，校外培训既能对学生的定岗实习进行指导，又能训练教师的专业实践能力。第三，为专业课教师设立"企业轮岗制"，就是在保证正常教学的前提下，分期分批将专业课教师安排到各企事业单位进行为期半年或一年的顶岗训练。教师只有到企业岗位上实践锻炼，才能进一步地提高专业知识和技能，更好地掌握生产工艺和流程，从而在根本上提升自身的专业实践能力，养成更好的职业综合素养。

（2）加强兼职教师的教学能力培训

中职学校应将企事业单位的优秀管理人员、技术人员及能工巧匠等有计划地聘请到学校担任兼职教师，从而使学校的师资结构更为完善。兼职教师的优势是具有丰富的实践经验，能够对中职学校薄弱的师资力量问题进行弥补，其不足是兼职教师的教学能力需要进一步加强。中职学校需要定期在兼职教师之间开展教育教学理论的培训，以及需要定期开展以模拟教学法为代表的现代职业教学法的应用指导，同时需要进一步监督和检查教学基本环节的工作，使兼职教师能够真正地胜任专业课教学，进而达到兼职教师培养的"企业专家教师化"的目标。

（3）加强专兼职教师之间的交流学习

中职学校需要搭建更多便于专兼职教师互动交流的平台，使专兼职教师之间能够相互学习和进步。专兼职教师通过互动交流的平台能够结对子，达到"传、帮、带"的效果，这样既能提高专职教师的实践能力，又能提高兼职教师的教学能力，进而能整体提高中职学校的师资水平，并有效推动模拟教学法在专业课教学中的普遍应用。

4. 注重教学应用的规范性

教学出成效的必备条件是模拟教学法的规范运用，其主体是学生，方式是"理实一体"，目标是培养出具有较强的综合职业能力、身心健康，并具有科学世界观的学生。专业课教师要想使模拟教学法在专业课教学中发挥实效，需要从以下几方面着手：

（1）模拟教学法的应用核心是将学生作为学习的主体

1）以学生为主体

以学生为主体需要做到以下几点：①转变教师的传统观念，将学生定位为教与学的主体，同时在整个模拟教学过程中落实以学生为主体的观念。②倡导学生自主学习。在模拟教学中，教师只是指导者，在必要时刻给予学生一定指导，而学生需要在整个过程中进行自主决策、主动实施、发现问题及评价和反馈问题。③调动学生主动学习的积极性。模拟教学具有仿真性、趣味性、生动性及竞赛性，教师在模拟教学过程中可以通过这些特点"寓教于乐"，将学生的学习积极性调动起来。④教师在教学过程中需要将模拟和现实连接起来，让学生明白在未来的工作中学习的重要性。只有学生主动参与到学习中来，模拟教学才能真正落到实处，同时也要更多地激发出学生学习的主动性，让学生深度参与到学习中来。

2）使学生为主体

中职学校学生由于刚刚面对九年义务教育的失败，如果再缺乏教师的培养，将难以成为学习的主体。因此，以下三项工作是在模拟教学中教师需要特别注重的方面：

首先，是教师学法指导的加强。教的方法和学的方法是构成教学方法的两个因素，教学的有效实施需要教与学的共同作用。因此，教师在教学过程中既要关心自己如何教，更要注重学生怎么学。一方面，教师需要将导学教案更加用心地编制出来，以便学生更好地进行自主学习；另一方面，教师需要对学生的模拟训练计划进行指导制定和完成；同时，指导学生将个体学习的学习方式转为合作学习。

其次，让学生能够学有所获。在每个模拟教学的环节中，都要以利于学生学习为出发点，并结合学生的认知特点，在学生的学习能力范围内将学习内容由易到难地逐步学习，并从中获得学习的快乐和成就感。

最后，重视创新性学习。在模拟教学过程中，学习场景、模拟任务和评价标准都是开放式的，创新性既是学生主体能动性的重要体现，也是持久动力。学生在学习过程中创新性的发挥将使学生能够对学习内容充满想象和探索。

（2）模拟教学法的总体目标是培养学生的综合职业素养

区别于传统学科教学方法的局限性，模拟教学法在培养学生专业技能的同时，能够进一步提高学生的综合职业素养，包括专业理论、道德品行、方法能力、社会能力等。为增强学生的综合职业素质，专业课教师需要将模拟教学法的优势充分发挥出来，并注重以下教学工作：

1）优先培养学生的思想品德

思想品德教育对中职学生的健康成长有着非常重要的作用，也是中职教育中最重要的组成部分。在专业课教育中，除了班主任和德育老师需要对学生进行思想品德教育外，专业课教师同样需要重视对学生的思想品德教育。同时，德育目标作为教学目标中最基本的目标，要求每个教师在教学中都要积极展开思想品德教育，使专业课和思想品德教育能够互相渗透、融合和促进。中职教育需要培养爱国、爱专业、身心健康且具有良好的职业道德和价值观的学生，这也是现代企业的基本人才需求。

2）兼顾专业理论和专业技能

要想拥有正确的创新性思维，并解决工作中的实际问题，科学的基础理论是必不可少的。学生通过模拟教学平台可以进行专业技能的训练，同时也可以进一步加强理论知识的学习。模拟教学法需要将模拟训练和专业知识结合起来，而专业知识既可以是课本教程知识，也可以是其他课程的知识。模拟训练是学生理论知识学习的途径之一，能够让学生进行直观的学习，使抽象的专业理论知识具体化，当在模拟训练中遇到疑难问题时，专业的理论知识又能够对学生进行指导，从而提高专业知识的实践应用能力。

3）注重关键能力的培养

关键能力指的是在职业生涯中，人们能够适应岗位变化，并在整个职业生涯中起关键作用的综合能力，它包括专业能力、方法能力和社会能力。在校期间，学生只能获得部分的专业知识和技能，而模拟训练的关键是促进学生在共同合作和相互协作中，能够更好地掌握分析问题、解决问题的方法，使学生的方法能力和社会能力有所提高，进而服务于学生的未来发展和终身学习。

5. 促进与信息技术结合

随着以多媒体技术和网络技术为主的信息技术的发展，中职教育领域也开始往信息技术方向发展。教学多媒体的优点是具有直观性、趣味性、形象性、深刻性和艺术性，这不但能激发学生的学习兴趣，将学生的视觉听觉调动起来，甚至还能产生更多意料之外的效果。因此，多媒体技术在教学中的应用能够更好地提高学生的专业知识和技能。

虚拟现实技术的应用是模拟教学法结合信息技术的主要体现，虚拟现实技术是通过三维图形生成技术、多传感交互技术及高分辨显示技术等方式将虚拟环境三维逼真地展现出来，其特点是具有直观性、交互性、沉浸性、感知性和自主性，因此，虚拟现实技术的运用对职业教育教学改革有着非常重要的推动作用。尽管虚拟现实技术还没达到完全成熟的阶段，但将其应用于模拟教学法中已经具有非常明显的优势。

（1）不受时间和空间的限制

虚拟现实技术使模拟教学法突破了时间和空间的限制，主要体现在以下几方面：第一，相比于集中式的传统教学模式，虚拟现实技术能够让身处不同空间的学生同时在一个虚拟空间里参与学习和合作，并完成虚拟项目，从而更利于模拟教学法的普及和推广。第二，虚拟现实技术使教学时间能够自由安排，不受限制。课堂上没有完成模拟学习任务的同学，可以在课余时间通过三维仿真软件自行完成，这样既节约了教学时间，也尊重了不同学生的意愿，使所有学生都能得到同样的发展，并感受到学习的乐趣，获得学习的成就感。第三，虚拟现实技术解决了传统模拟训练中，可能因某个步骤产生错误而需要重新开始整个训练的问题，当某个步骤出现问题时只需要调整单个步骤即可，大幅提升了训练效率。

（2）能更好地开发学生的思维技能

学生有不同的假想时，可以在虚拟现实平台进行模拟，从而验证自己设想的可行性，并能够将设想产生的效果直观地体现出来。因此，虚拟现实技术的应用解决了传统模拟训练需要消耗大量人力、物力、财力和时间的问题，并提高了训练效果，更能够培养学生的高层次思维技能。

（3）使模拟教学的内容更为丰富

虚拟现实技术，可以将很多不易实现的技能和一些复杂、抽象又隐蔽的现象形象地展现出来，比如模拟可见度低的建筑地基排水施工。在教学过程中，虚拟现实技术能够对教学内容进行全方位、多角度的展示，同时当学生对某个知识点没有完全理解或没看清楚时，可通过计算机多媒体技术将课件制作成仿真动画，从而将某种虚拟场景创设出来，供学生进行模拟实训。

（4）弥补了模拟教学条件不足的缺陷

在中职学校，模拟教学通常由于设备、场地、经费等的不足而无法得到真正的实施，虚拟现实技术能够给学生真实环境的感受，使其感性认识增加，能更好地理解教学内容，使职业能力培养的方式不再单一，也解决了部分中职学校因教学条件不足所导致的模拟教学无法实施的问题。

（5）提高了模拟教学的安全性

模拟教学较现场教学更为安全，但依旧存在着一定的设备安全隐患，使初学者出现认识错误和偏差。但在虚拟环境中，并不存在这个问题。

第三节　"以学生为中心"教学法的应用

如何优化中职学校的课堂教学，给所有学生营造一个能够获得全面发展的良好学习环境，为社会培养技术技能型人才，是中等职业教育迫在眉睫需要解决的问题。提高中职学校的课堂教学水平，拓宽学生的思维、想象空间，增进他们的职业素养，不仅是课堂教学对教师的要求，还是素质教育在课堂教学中的完美体现。然而，传统教学方式多年来已经严重影响人们的教育理念，优化教学方式势在必行。"以学生为中心"教学法是让教师用最少的精力与时间达到最好的教学效果的一种教学方式。

一、中职学校教学中存在的主要问题

中职学校教学课程的总体特征如下：内容广泛、丰富多样、有较强的可操作性。素质教育需要以学生为主体，实现对中职学生知识理论和操作技能的高质量培养。但是，仅就中职学校的教学现状而言，主要有以下原因：

第一，教材更新滞后。现在，中职学校教学使用的课本存在知识相对老化的问题，教材与学生日常生活的距离日益加大。由于中职学校的课本内容陈旧，与现实生活没有很紧密地结合，使得许多学生觉得学习的知识似乎没有多大价值和意义。因此，他们在课堂上不能集中精力，对学习失去了兴趣。

第二，教学方法单一。中职学校教学有着很强的专业性与操作性，尤其是在实习实训课中，需要学生上手实践操作，要求学生所学的理论知识要能够指导实践练习，同时要求学生要有良好的职业道德与创新理念。然而，就现在中职学校设立的课程而言，在实际教学过程中，教师过多讲授理论知识，使用的教学方法也比较单一，极大地限制了学生的思维想象力和学习主动性。学生慢慢失去对学习知识技能的兴趣，变得被动学习，使得教学成效不明显。

第三，学生缺乏自信。中职学校是为社会培养中高端技能型人才的重要场所，在职业教育体系中有着不可替代的位置。部分学生对广阔的未来前景没有很强的自信心，从而被动学习，忽视自己在学习中的地位。

二、"以学生为中心"教学法的应用策略

课堂教学方法的应用应该满足课堂的实际需求与教育原则。

（一）转变教学观念

第一，明确培养目标。中等职业教育创新应该适应时代进步的需要。在教学过程中，应以学生为主体，真正重视学生的主体地位。

第二，完善教学体系。采取项目教学、理实一体等多种教学形式，完成对学生知识和技能的培养。

第三，创新教学方式。教学活动要以学生为主体，保证教学开展的实用性，培养学生的探索精神和学习积极性，提升学生分析和探索问题的能力。

（二）激发学生学习兴趣

兴趣是人们了解某件事或者喜欢某项活动的动力，兴趣能够促进正在开展的

活动。学习兴趣与学习意识是学习动机的核心组成部分。

激发学生的学习动机，也就是激发学生自身的思想机制，调动他们进行全方位思想活动的主动性。创建学习氛围的重要目标是让学生在真实和全面的问题氛围里产生想要学习的需求。同学们的相互交流、沟通是协作学习，学生可以通过主动学习亲身体验由确定目标到实现目标的整个过程。教师可以按照教学内容，在教学过程中运用与学生实际生活相贴近的、生动活泼的教学方法，激发学生的学习兴趣和浓厚的求知欲，形成温馨融洽的课堂气氛，让学生积极快乐地学习，激发他们主动学习的兴趣。

对于需要学习的有关内容知识，通过让学生在观看视频时得到学习，可以达到事半功倍的效果。为了监督学习和测试学习效果，可以让学生观看完小视频后在讨论区完成测试。考试设置的问题都是开放式的，没有标准答案，这不仅可以让学生有自由想象的空间，还可以培养学生独立完成作业的能力。

目前，中职学校学生的综合素质亟待提高，现有的教学方法已不再适合新形势的要求。在中职学校的课堂教学中，教师应该对学生热爱学习的态度与成绩给出恰当的表扬及合适的奖励。由于学生在学习方面得到好的成绩是他们可以继续学习的动力，所以教师在发现学生取得进步或者表现出努力学习的劲头时，应该及时给予表扬，增进他们的自信心，达到表扬一个典型、鼓舞一个整体的目的。

（三）提升课堂的教学效益

学习目的是学习预期的结果或者在学习中要完成的标准。学生的学习过程受其学习目的限制。学习目的一般有三个导向作用：教育方法的选择，教育检测和评价及引导学生进行学习。在课堂教育过程中，设计的每个环节都应以学习目的为目标。

优化学习目的是提升课堂教学成效的有效措施。在教学过程中，教师应该认真学习新课程标准，充分挖掘教学中每个知识环节的深度，识别重、难点与易错点，恰当、精确地帮助学生制定学习目标。

在设定学习目标时应关注两方面的问题：一方面，要真正理解教学内容，不要超出课程标准，不要随意提高学习难度；另一方面，要关注学习目的的叙述的严密性。"教学要求"不能取代学习目标，不能混淆教师和学生的行为。为了真正优化学习目的的导向作用，不能把"了解"说成"理解"，也不可以把"理解"变成"熟练应用"。

（四）指导学生的学习学式

教师要最大可能地激发学生在学习过程中的积极主动性，调动他们的逻辑思维能力，引导他们运用合理的学习方式，掌握知识与技能。

1. 学习方式的系统指导

教师应指导学生设计问题，让学生带着问题去上课；引导他们读书的方式，引导他们做笔记、写体会和画图，让他们勇于表达自己的想法，找到合适的记忆方式与复习方式。

2. 引导学生学会合理的学习方式

要想引导学生学会合理的学习方式，教师可从以下四方面入手：①合理渗透。在教学过程中，教师应该探求课本中影响学习方式的因素，并将学习方法的引导贯彻到整个教育过程中。②适时点拨。教师应该有很强的学习方式引导理念，可以根据教学实际抓住最佳时机，点拨学生的学习方法，起到画龙点睛作用。③及时汇总。教师在进行理论传授和技能训练时，应按照教学实践，指导学生及时汇总已学知识，以便不断系统地找出规律。④迁移训练。教师应引导学生理性思考学习方式，在练习过程中掌握学习方式。教师应该尽最大努力把转变观念和教学方法整合起来，把课内和课外教学内容整合起来，把理论学习和实践训练整合起来。

（五）引入一体化教学模式

一体化教学模式以典型工作任务为教学手段，采用理实一体的教学方法，帮助学生主动学习。

1. 改变传统的教学方法

一体化教学模式对不同教学任务阶段的学生采用不同的教学方法。例如，在"普通车床操作及安全操作规程"任务教学中，教师采用企业现场参观、班组长个人访谈及自导自演车床介绍、保养、基本操作视频制作等多种教学活动，有效调动学生学习的兴趣，充分发挥学生的主动性，寓教于乐，使学生的团队合作能力、语言表达能力和计算机应用能力都得到了较好的锻炼和提高；在"传动轴加工"任务教学中，教师使用任务驱动教学，先让每位学生了解具体任务，再根据任务要求让学生利用网络和专业加工手册查找资料，模仿企业真实生产流程进行情景教学活动设计，让学生担当企业生产中的相关人员角色（车间主任、班组长、调度、库管等），教师与学生共同制定加工方案，通过学生独立完成工件加工，最后经过自我评价、小组互评和教师点评等形式进行归纳总结，从而实现"教、学、做"真正融为一体。

一体化教学模式为学生提供了展现自我的舞台，使学生在语言表达、与人沟通方面得到了锻炼。在小组协作完成任务时，学生间的团队合作意识得到增强，合作与沟通能力得到明显提高，这些能力的锻炼与提高是以往教学模式中所欠缺的。学生的学习知识面变得更广，分析问题、解决问题的思路变得更清晰，工作能力、检索信息及收集、汇总、整理资料的能力变得更强。自主学习，自我评价，互学互帮，教学相长，教学效果显著。

在理论与实践一体化教学的过程中，若出现和课程有关的问题，学生可以立即通过"学习与交流"模块向教师提问，也可以在论坛上发布消息，让学生之间进行自由交流讨论。教师既可以每天在一定的时间内回答问题，也可以采取多媒体平台上的提醒功能，随时使用微信、腾讯 QQ 等软件回答学生的问题。这样，教师和学生之间的互动交流不用见面直接通过多媒体平台来完成。

2. 教学评价方式的多元化

教师上实训技能课时有一个习惯就是一个单元才测验一次或等到期中、期末考试，这是一种典型的"一门课程教到底，一个成绩定生死"的教学模式，采用的是终结性评价；这种教学模式不仅使得学生在中途容易偷懒还忽视学习过程，教学效果不理想。采用一体化教学模式后，为了更好地管理与约束学生，常运用发展性评价和表现性评价，即通过课堂的表现、实训情况、操作技能的表现，给予学生一个综合性评价。一体化教学模式既能激发学生的学习兴趣，也能减轻教师在课堂管理上的负担。传统的教学模式往往忽略学生在教学中的主体地位，认为中职学校的学生学习差，是因为其本身素质差。但实行一体化教学模式后，中职学校可以通过考核、调查问卷、座谈等方法进一步了解教师教学中的困难，并通过这些调查完善教学中存在的问题。

3. 培养一体化教学团队

在传统的教学中，理论课教师与实践课教师往往是独立分开的，理论与实践难以合二为一。一体化教学要求教师不仅要能指导实际操作，还要能讲解相关理论知识点，更要有较强的教学设计和教学组织能力，因为一体化教学考验的是一名教师的综合业务水平。为实施一体化教学改革，中职学校应成立由教学管理人员、企业专家、实习指导教师、高级理论课教师组成的一体化教学团队，根据实训设备、教学场地及学生的实际情况有针对性地选择课题，不断完善教学方案（教学活动策划表、教案），充分利用实训场地、设备和现代机械制造专业先进的数字化工厂的软件环境及实训基地的真实企业氛围，借鉴多年积累的教学成果，把学生的素质教育贯穿于教学全过程，通过一体化教学改革试点和组织公开课、专题研讨等形式，锻炼、培养一体化师资队伍，为开展以学生为中心的一体化教学改革提供保障。

综上所述，"以学生为中心"教学法，突出了学生的主体地位，有利于学生的主动发现、主动探索。教师在帮助学生获得知识和技能的同时，还注重对学生创新能力、创新思维的培养。

第四节　中职学校内部教学质量监控体系

一、中职学校内部教学质量管理的理论认知

（一）教学活动、教学过程与教学质量控制

学校是为社会培养创新人才的地方，而富有创新力和社会实践力的人才则需要通过一系列教学活动培养而来。学校教师的教学工作质量直接关乎输出人才的质量，关系到今后学校的规划与发展，因此，教学工作的正常有序开展，对学校整体生存十分重要。教学质量是学校教学工作的生命线，提高教学质量是学校教育永恒的主题。鉴于此，学校不断完善现有的教学体系，并且不断引进新的教学方式，目的就是提升现有的教学质量。

1. **教学与教学活动的认识**

教育培养人才的根本之策在于全面提高学校的教学质量，做到应教尽教。

教学的任务是加强协作，汇聚集体智慧，形成工作合力。辩证唯物主义认为：教师与学生从教育内容的角度说，教师是传授者，学生是接受者。学生主体性的形成既是教育的目的，也是教育成功的条件。对学生指导、引导的目的是促进学生的自主发展，教师在学生成长过程中肩负着文化输出的重要职能。此外，教师要在现有的时间内，教授学生大量文化知识，使其满足社会对人才发展的需要，满足学校对外人才输出的标准。

教学需要师生双方相互协作，教师是教学工作的传授者、组织者，学生是教

学工作的受益者。课堂中学生作为教学主体，需要发挥其主观能动性。教师则根据教学目标设计教学规划，并选择适合学生的教学方式因材施教，让学生在系统掌握文化知识的同时，还能延伸思考，锻炼自主创新力。

教学对教师而言既是一项工作也是一门艺术。关于这一点古今中外学者早有定论，比如教育家夸美纽斯在《大教学论》中明确指出，教学就是阐明"把一切事物教给一切人类的全部艺术"。

中国作为文明古国，在春秋战国时期，伟大教育家孔子就提出："不愤不启，不悱不发，举一隅不以三隅反，则不复也。"《学记》中提出："善歌者，使人继其声；善教者，使人继其志。其言也，约而达、微而臧、罕譬而喻。"以上观点，以小见大，传承了中国优秀传统文化，是中华民族几千年来文化艺术的深厚积淀。

教学活动本身也有其内在规律可循，这也体现了教学活动的科学性。从教学活动整体而言，制约因素一共有三个，分别是教师、学生、教材，三者之间都为变量，存在相互依存相互制约的关系。因此，如何客观地把握教学的"度"、明确教师、学生、教材三者之间的关系及阻碍因素，从而揭示出教师、学生和教材良性循环的规律，就成为当下教学活动的重点。

2. 教学质量的控制关键在于对教学过程的控制

随着招生规模的扩张，中职学校每年的招生人数也随之递增，这给学校的发展带来了新的挑战。与此同时，招生人员的扩增导致教学工作量陡然加大，教职工压力倍增。当前，无论是国家还是社会都对教学质量格外重视，然而，由于招生规模的扩增，基础教育不论从师资到设备都严重不足，导致中职学校的教学工作开展艰难，不仅不能完成教学目标，教学质量也有所下滑，教育整体水平仍有欠缺。为此，保障教学质量成为中职教育的一个重要命题。在生源结构发生变化的情况下，各中职学校应做好"低进高出"工作，既要做好尖子生的精细培养，又要扶持差生发挥最大潜能。引进先进教学理念，学习别人成功的教学管理经验，探索适合我国中职学校的教学发展道路，成为中职学校未来的教学发展趋势。

完善的教学管理体系是教学质量提高的基础。加快构建现代职业教育体系，需要按照专业设置与产业需求适应、教学内容与职业标准对接、教学过程与生产过程协调的要求，不断完善职业学校设置标准，持续推进课程标准、教学标准、实习标准和实训条件的标准化建设。不断提高中职学校的教学实践和教学管理能力，是培养高素质技术技能人才、能工巧匠、大国工匠，促进就业创业创新，推动中国制造和提升服务水平的重要途径，也是建设教育强国的必然要求。完善的教学管理体系包括参谋咨询系统、指挥系统、执行运作系统等，其中，执行运作系统由教务处和教学基层单位两部分组成。教务处是学校教学管理的职能部门，教务处始终坚持"规范管理、用心服务"的工作理念，以教学基本建设为基础，以教学管理为手段，强化内涵建设，深化教育教学改革，提高教学管理工作质量。在执行运作系统中，院、系级教学管理对学生教学质量的影响至关重要。为此，学校可结合具体情况，配备一些高资历、有丰富管理经验的教学人员，进而完善中职学校的教学管理工作。

教学管理体系的运行模型可采用"环形结构"，简言之，教学工作从校长、教务处再到管理部门一直到教师和学生，然后再从教师、学生回溯到校长，从而形成一个环形结构。教务处作为执行运作的中心系统，为保证教学工作的顺利开展和教学秩序的正常运行，需要及时跟踪教学研究成果，督导工作计划、抽查各系部的教学工作、对全校教学工作进行调研，针对教学工作中出现的问题予以及时解决纠正，并反馈给学校指挥系统，每学期及时了解和掌握教学工作的准备情况并根据学校的教学质量提出新的教学管理目标，进一步提高教学质量。

为进一步深化教学改革，完善教学质量和教学过程管理监控体系，促进教学管理的科学化、民主化，不断提高教育教学质量和办学水平，中职学校应建立教学督导机构。

中职学校可以选择学术高、责任心强、有威信的教职工人员负责专门的教学督导工作，机构内部成员，应该深入教学一线，通过听课、座谈等形式，检查各个学科教师的教学工作，在督导工作中，要充分发挥主导作用，及时发现教学中存在的问题，并提出切实可行的改善方案。

为完善教学评价工作，中职学校可不定期举行教学工作反馈评价研讨会议，建立教学质量监控体系，对学校教育教学秩序、质量、教育教学过程、教育教学管理工作、教风学风建设等方面工作进行监督、检查、评估、指导、沟通及信息反馈，为学校教育教学工作秩序和教育教学目标的实现提供保障和支持。中职学校应不定期抽查专业人才培养方案和教学大纲的执行情况，并将抽查结果及存在问题以书面形式上报。教学工作要有明确指标，教学工作要与评价指标契合。

为提升教学研究水平，提高课堂教学质量成为重中之重，建立教学研究体系势在必行。为进一步提升教师的教学水平，我国不断优化教育改革与发展理论中存在的问题，着力构建高水平教研体系，推动教师素质与课堂教学质量实现"双提升"。教学研究体系可以分为两大模块，第一是设置专门教学研究人员，专门从事教学研究工作；第二是发动学校现有的师资力量，结合当前教学工作存在的问题立项研究。

高效优质的教学服务支持体系是提高教学质量的基础保证。更新教学内容、改进教学方法、尝试新的教学手段以不断提高教学质量，必须具备两方面的条件：一是教师进行教育教学改革的热情和积极性；二是和谐、良好的服务环境和必要的物资支持。

（二）教学质量监控中的教学过程理论

教学过程是教学质量监控的主要对象，且在不同的发展阶段呈现出不同的发展状态，这也就意味着教学质量监控的基础就在于研究不同发展阶段的教学过程及其理论，而教学过程理论也成为教学理论构成中一个直观重要的组成。以历史的眼光来考察教学过程理论可以发现，教学过程理论主要由以下范式构成：以知识传授为中心的教学过程理论、以探究发现为中心的教学过程理论、以情感互动为中心的教学过程理论、以系统优化观点为中心的教学过程理论。不同中心的教学过程分别代表了不同的教学阶段，也就形成了带有不同阶段色彩的教学理论。

1. 以知识传授为中心的教学过程理论

作为一种较为经典的教学过程理论，以知识传授为中心的教学过程理论曾在教学理论中长期占据统治地位。由于这一过程理论强调讲解和掌握知识，因此，从本质上来讲，教材中心说、教师中心说、课堂中心说就成为该教学过程理论的主要特征。同时，由于教师在这一阶段教学过程中位于主体地位，因此，教师也承担着主导教学过程的教学职责。但是这一理论的弊端也十分明显，即它并未明确体现出师生结合，共同推动教学进程的作用，甚至将学生置于被动接受知识灌输的地位。从长远的角度来讲，这种现象将不利于知识的传授，更加会影响人们理解知识、掌握学习方法的效果，乃至人类知识体系的建立、完善。由此可见，单单依靠教师的控制来完成整个教学过程是不现实的。

2. 以探究发现为中心的教学过程理论

围绕探究与发现而展开的教学过程在世界教育事业中由来已久，早在春秋战国时期，孔子的教学观念中就已提出对启发式教学的倡导，而古希腊教育家苏格拉底也曾提出对这种教学过程具有先驱意义的"产婆术"，而后著名教育理论家杜威对这些思想进行了理论化处理。"方法"是以探究发现为中心的教学过程理论的重点内容。熟知的思维五步教学法（问题的提出——问题的确定——问题解决方案的设计——计划的执行——评价与总结）曾作为探究发现的经典范例出现在《我们如何思维》（杜威著）著作中。通过这个范例的内容我们可以相信，师生合作来完成教学过程已经得到了杜威的高度重视，即教师和学生共同探求知识的过程就是教学过程，这个过程中各个环节和步骤的进行都必须建立在师生共助的基础之上。但需要注意的是，不同的教师和学生，即使探究的内容是同一类知识，也会有探究方法上的差异。因此，后来的学者和教育家们在杜威思想成果的基础之上进行了多方面、多维度和无限化的扩展。相对于上一种范式，这种范式对以往教学过程强调"会教"的内容进行了变革，使之开始转向了"会教"与"会学"的相互融合，这就意味着教师教学不再单纯停留在知识的单向传授，而是既关注知识内容的传授，又兼顾知识传授的方法，既能够丰富学生的理论知识体系，又能够锻炼学生的知识获取能力，同时也符合现代教学的未来发展趋势。

3. 以情感互动为中心的教学过程理论

上述的两种教学过程理论的形成、发展和优化离不开学生认知提供的动力支持，因此，二者的共同点就在于教学目标的价值取向均为发展学生认知。在人本管理思潮和人本主义的多方影响下，进入 20 世纪 20 年代，由罗杰斯和沃尔伯格分别提出的两大教学过程理论（即"非指导性教学"和"开放教育"）的全新范式先后出现，这两大范式对"重认知、轻感情"倾向的传统认知方式进行了变革，强调现代生理学和心理学的研究成果，以此带动了教学关系的协调互动和相辅相成，并意图营造一种有利于教学质量提高的愉悦教学氛围。比如，在体现教师与学生之间共生、共存、共进关系时，罗杰斯将其"非指导性"教学过程划分为"情境确定—问题探索—洞察与发现—决策计划—统整"五个阶段。尽管如此，我们仍需知道，实现情感与认知有机结合的方式依旧是制约这种教学过程的主要问题，这就导致从主流趋势的角度来讲，这种教学过程理论始终未得到广泛普及和普遍认可。

4. 以系统优化观点为中心的教学过程理论

以发展的眼光来看，尽管以上三种不同教学过程理论存在价值取向上的差异，但是这丝毫不会动摇它们相互融合的未来发展趋势。与此同时，随着实践的不断深入和研究方法论的不断完善，这种相互融合必将走向有机统一，也就是以系统优化观点为中心的教学过程理论必然会出现，因此，这一教学过程理论也就以系统优化观点作为其主导范式。

基于对影响教学过程的多种内外因素及构成教学过程的诸多要素的充分考量，以及明确认识到这些因素的权重和差异，我们可以对系统优化教学过程理论细分。在若干分支中尤以"教学过程最优化"（班巴斯基提出）最具盛名，即教学内容具体化的实现要建立在对教学任务和教学目标形成清晰认识，并在充分了解各种可能性（如学校、学生、教师、相关环境等）的前提下，当这些工作内容全部完成后，方可选择与教学内容相适应的教学手段和教学方法，在统一学生认知活动和教师教学影响的过程中，教学双方的互动性和统一性得以实现，与此同时，还可以动态的评估数据为依据对教学活动进行调整、完善与优化。

5. **教学过程理论的比较、借鉴与启示**

综上所述，在不断深化教学实践和更新教育理念的过程中，影响教学过程的因素越来越多元和复杂，在这个过程中，人们的认识不断提高，并获得了把握这些因素的能力。以各种范式的演进为划分依据，教学过程的诸多影响因素可以被细分为三大类型：

首先，对教学过程中知识的积累和更新具有直接影响，甚至是决定作用的因素。在呈爆炸性膨胀趋势发展的知识体系的影响下，学科分工和学科综合越来越突出，人类积累的科学知识体系越来越庞杂，但对于学习能力、理解能力和学习精力均有限的学生而言，尚且不能完全掌握全部知识，需要教师对学科知识进行分门别类，以引导学生建立对知识的整体认知。因此，迄今为止，最为普遍的一种教学范式仍为学科知识的教学或者说分专业的教学方式。

其次，对教师这一教学过程主体的素质有影响的因素，具体来讲，这些影响因素主要体现在管理能力、教学方法、专业素质、人文素养等各方面；从本质上来讲，这些因素是教师"智慧"对先前所讲教学过程理论产生影响的直接反映。与此同时，教学方案的设计职责、组织与管理教学过程的职责也由教师承担。可以说，教师需要具备较高的职业素养和人文素养来适应教书育人越来越高的要求。

第三，构成教学过程诸多环节的因素，如教学手段、课程体系、学科结构、目标设计等因素，对于规范教学过程而言，以上因素发挥着重要的决定作用，同时，也是教学管理可被量化和标准化的重要内容。由此可知，划分和比较学科大多也以这些因素作为常用参照系。

中职学校通过分析影响教学过程的诸要素及考察教学过程阶段的诸理论，可以获得监控教学质量的基本内容和方法。作为管理学领域内的两大概念，质量监控和质量管理之间存在着密切联系，即质量管理的一般要求对监控教学质量具有同等约束力（也就是说，管理存在于所有组织中，而质量就是管理的最终结果，而有结果就意味着必须以科学合理的比较和衡量标准对其进行评价），在此基础之上，还要探索与教育特殊性质相适应的管理方法。除此之外，管理学中已有的先进研究成果也能够应用于对教学质量的管理中，也就是通过全方位监控教学过程来完成健全的质量监控动态指标体系的建立工作，并通过控制教学过程来确保最终产出质量监控的成果。

（1）质量监控教学过程的客体传授

科学知识是教学过程的客体，知识体系是否完整、是否先进、是否科学通常就是控制知识传授质量的主要着眼点，实现方式主要表现为教学过程中的课程设计和课程体系建设。就现阶段而言，在国内外教育界教育理论中居主导地位的理论都认为，多元化已经成为现阶段课程评价的主要发展趋势，这种多元化具体表现在以下几方面：学生评价改变了以往对学生掌握知识数量的关注，以评价学生的综合能力和综合素养作为替代；评价标准以多元化取代了统一化，同时也不再满足于静态标准，而是更加关注对发展动态的评价，具体来讲，主要体现在以下几方面：

1）多元化的课程评价标准

对于课程整个评价结果是否准确而言，科学化的课程评价标准具有至关重要的决定作用。从宏观的角度来看，多元化的课程评价标准要确保适应国家的经济发展水平。同时，由于办学条件的差异化，所以允许不同区域和不同层次的学校在相同课程评价体系上存在差异化；从微观的角度来看，课程评价标准的制定要以学生之间的差异性为依据，以不同课程的培养目标为方向。对于课程体系的完善和优化而言，确定这种多元化标准具有明显的激励作用。

2）多元化的课程评价对象

这里所说的"课程评价对象"既包括可量化的内容，如课程的安排、课时的设置、教材的选取、课程体系是否完整等，又包括能够反映课程质量，但却无法量化的内容，比如学生通过课程学习所获得的个人成长、身心发育，以及对学生某种能力的培养与锻炼等。与此同时，课程评价对象还应涵盖参与课程开发和设计编制及其相关的课程管理人员。

3）多元化的课程评价者

多元化的课程评价者即构建一个涵盖学生群体和个体、学生家庭成员、学校管理人员、教育决策机构、专职评价机构、专家，以及学校内外其他人员在内的课程评价者体系。

4）多元化的评价方法

能够对课程的优劣进行真实反映的评价即为量化评价。尽管这种方式具有客观性，但并不适用于所有能够反映课程优劣的内容，针对这部分内容就需要采用主观评价的方式，即以特定的指标来评价。这种评价方式能够对课程的实际情况进行整体化、全面化的反映，因而具有较强的弹性和任意性。

5）多元化的评价方式

所谓"多元化"是指评价标准既要涉及教学目标，又要兼顾课程教学过程。具体来讲，多元化评价方式主要通过对教学手段、课程考核方式、课程目标的确定和调整等内容的评价来体现，与此同时，还可以依据相应的标准对其中的每一项内容进行细分，如以布鲁姆教学目标分类学为划分依据，课程目标主要由知识、领会、运用、分析、综合评价五个环节组成。

（2）评价教师素质

作为教学过程的组织者和主要参与者，教师的整体素质对教学质量具有直接影响力，因此，在评价教师整体综合素质时，应当注意以下几方面：①教师的专业素养，其评价标准主要涵盖教师的专业学历、教学效果、教学经验、再学习能力等；②教师的人文素养和科学素养是衡量一个国家和学校所招聘教师是否合格的重要依据；③教师的发展潜力和适应能力，主要体现在教师掌握和应用全新教学手法和手段的能力、适应教育对象现实需求的程度、革新全新教学理念的程度及教师享有的学校提供的环境和条件等。

（3）评价相关环境和教学管理

作为一个特殊的部门，教育的各内部部门也有着细致、广泛和明确的权责划分。假设教学一线的直接参与者或主体是教师和学生，那么，教学过程的间接参与者则为学校及与之相关的各个管理部门。在对相关环境和教学管理进行评价时，评价标准主要包括：①对学校所在地环境的整体评价；②在支持学校教学方面，对国家或地区的投入的评价；③对教学管理机构和管理部门的设置与管理水平的评价；④对与教学过程相关的各种硬件配套设施的评价。

（三）教学质量管理的系统特点

中职教育的发展慢慢开始国际化，因此中职学校的教育管理者及研究中职学校发展的专家学者开始注重提高学校教学质量。下面将主要针对我国中职学校在质量管理方面的特点展开细致分析，对构成管理系统的不同要素展开细致的分析，通过分析要素之间存在的关联，来理解为什么我国中职学校在发展过程当中形成了这样的教学质量管理系统，了解它的形成原因有助于更好地提高中职学校的教学质量。

教学质量管理系统涉及的层次有三个：第一是事件层次，处于这个层次的教育工作者会从事件的角度去分析事件，并针对事件特点采取相应的反应；第二是行为变化形态层次，处于这个层次的教育工作者会关注事件呈现的发展趋势，并在此基础上根据趋势的变化采取相应的行为；第三是系统结构层次，在这个层次中的教育工作者会关注导致事件发展并且使事件呈现某种发展趋势的结构因素，然后从结构的角度寻找解决问题的方法，助推系统的发展。学校这个社会系统呈现出的特点是开放、动态。因此，学校教学质量管理要想达到一定水平，就需要利用系统基础模型将学校整体的结构特点呈现出来，从系统框架的角度去思考学校教学质量管理。接下来将分析系统基础模型呈现出的特点：

1. 不同的系统要素存在"因果"关联

中等职业学校的教育系统当中，涉及很多系统构成因素，这些因素在系统当中不是处于静态形态的，因此不同因素之间的关联也不会呈现稳定的状态或线性的联系，呈现出的联系大多是动态的或者因果形式的环状反应式联系。系统中的因素在反应环路中会占据某一位置。从系统动力学的角度分析，可以把反应环路分成两种：一是呈现出增强趋势的环路；二是处于反复调节状态的环路。需要注意的是不同因素之间的因果关系并不是每时每刻共同发生的，因和果之间可能会有一定的时间滞后，换句话说它们出现的时间之间会有一定间隔，这种时间的延迟会导致因和果以一种渐进的方式出现。

2. 把中等职业学校的毕业生就业状况当作整个系统运行的驱动力

中职学校想要提升教学质量，就必须找到为其提供驱动力的系统因素。除此之外，中职学校教学质量遵循的衡量标准应该由聘用中职学校毕业生的单位来决定，中职学校的学生学习是为了获得技能，从而获得就业机会，而不是单纯的学习，用人单位的用人需求会影响学生及学校的行为，因此中职学校系统基础模型应该把中职学校毕业生的就业状况当作整个系统运行的驱动力。

（四）中职学校教学的全面质量管理

现代社会想要发展就需要依赖学校教育为社会提供源源不断的人才，为社会培养合格的接班人，学校在培养人才的时候需要从德智体美劳五大角度进行全面培养，衡量一个学校是否能够为社会主义发展提供高质量人才主要的标准就是学校的教学质量高低，其直接影响学校的发展情况。因此，学校需要把教学作为中心工作，并始终关注学校教学质量的提升。

1.教学管理与教学全面质量管理（TTQC）

（1）教学管理的主要内容以及管理所处地位

教学管理既涉及学术方面的管理内容，也涉及行政方面的管理内容。它需要结合学校的教学目标及学校当前的内部条件、外部条件，然后使用各种管理方法对教学过程进行科学合理的组织规划，并通过规划获得最优质的教学效果，让教学以最快的效率展开。与此同时，它还负责监督教学质量、管控教学质量。

通常情况下，教学管理涉及的内容有教学计划、教学运行、教学质量评价、学科管理、专业管理、课程管理、教材管理、教学基地管理、教学队伍管理、实验室管理，以及其他方面的管理工作。

教学管理属于学校整体管理工作的一个主要部分，它所处的地位非常重要，之所以说它重要是因为以下三点：首先，学校的根本任务是为社会主义的发展培养优质的人才，而学校进行人才培养最主要的方式就是教学；其次，教学始终是学校的工作核心，学校其他工作的展开都是为教学工作服务的；最后，学校在教学管理工作方面的水平高低直接决定了学校教学质量的高低，直接影响学校培养出来的人才水平的高低。因此，学校的教学管理工作是重中之重。如果可以做好教学管理工作，那么就相当于做好了学校所有管理工作的核心部分，相当于为学校的教学质量提供了基本保障，也就是说，学校培养出来的人才是最有可能符合社会需求的。

（2）教学全面质量管理（TTQC）的特点及意义

教学全面质量管理涉及以下方面：首先，是对学生的德智体美劳所有方面进行的管理，涉及教学因素、教学环节；其次，是全校所有师生教职工人员共同参加，并共同接受学校管理的一种管理方式；最后，是对学校开展的教学计划、教学运行、教学辅助、考试等所有过程进行的全程质量管理。

教学全面质量管理体现出的特点主要有三个：

第一，全面性。全面性具体指以下几个方面：首先，不仅要培养学生的认知，让学生形成应试能力，还要注重学生德智体美劳其他方面的发展；其次，以课堂为教学管理的核心，调动学校的其他部门参与教学管理，为教学管理提供人力、物力及资金方面的支持；最后，学校还应该结合所在社区进行质量管理，让社区传递给学校积极、正面的影响。

第二，全员性。全员性顾名思义就是学校的全面质量管理，这不仅需要校领导参与，还需要学校的全部职工、全部教师都参与到质量管理中，为学校质量水平的提高服务。学校应该形成从上到下的管理机制，学校领导为学校的教学部门以及教师提供服务，而教师向下为所有学生提供服务。

第三，全程性。全程性是指对教学工作的全程进行质量管理，让每一个步骤、每一个环节都达到质量要求。与此同时，教学全面质量管理强调预防式管理，这意味着不仅要关注学校管理的最终评价，还要注重过程评价，做好不同环节之间的连接。从横向的角度来看，教学全面质量管理涉及教学系统中的所有因素，从纵向的角度来看，教学全面质量管理涉及招生、教学计划、教学辅助以及考试四个方面的质量管理。

2. 影响教学质量的因素分析及 TTQC 基本要求

加强学校教学全面质量管理的前提是要对影响学校质量管理的所有因素展开细致分析，教学活动涉及各种各样的因素，而且它们之间的关联影响非常复杂，并且学校最终的教学质量是由多个因素共同作用产生的。因此，只有在了解影响教学质量的因素及因素之间的关系后，学校才有可能进行针对性的改善和优化，从而有可能实现教学质量的提升。

（1）教学计划

教学计划可以保证学校的教学质量达到较高的水平，可以为学校的人才培养制定标准。它还涉及其他的教学过程的安排、任务的安排，是指导学校教学工作的基本文件。通常情况下，教学计划内容涉及专业设置的培养目标、学生要达到的基本要求、专业的研究方向、课程内容，以及教学的时间进程安排等，教学计划当中要体现国家对人才培养提出的重要要求、对教育教学工作提出的相关要求。

第一，专业培养目标。专业培养目标决定了专业对人才的主要培养方向及人才应该达到的标准，学校需要根据专业培养目标制订教学计划。21 世纪，社会发展需要学校培养德智体美劳全面发展的人才，需要人才具备扎实的专业基础、发散性的思维、较高的职业素质及技术能力。

第二，课程设置。课程安排是教学计划的重要内容，人才培养目标的实现需要依赖课程设置。通常课程设置涉及的内容是公共课程、专业课程、专业基础课程、实习课程及毕业论文。在进行课程设置时，应该做到以下几点要求：首先，要能够体现人才培养目标的相关要求；其次，要适应当前科学技术发展提出的标准；再次，课程的设置要有助于学生构建自己的知识体系、能力体系；最后，课程的设置和内容的安排应统一。

第三，学时分配。学时分配需要科学合理，这样才能够激发学生学习的主动性、积极性，才能够整体地提高教学效果和质量。学时分布的科学合理主要体现在课内学时和课外学时的分布应该科学合理；必修课和选课的学时分布也应该科学合理；而且学时应该科学合理地分布在每一周；随着学生年级的增加，学校应该逐渐加大选修课程所占的比例。

（2）教师

教学活动的开展离不开教师的作用，教师是所有教学的组织者、负责者。因此，对于教学质量来讲，教师是其最重要的影响因素，也是决定学校教学质量高低的关键因素。

第一，学校教育直接决定着现代社会的科技发展水平，因此，可以说学校的教育水平就代表了国家的科技水平、国家的现代化建设水平。学校培养的人才质量不仅会受到教学计划、教学内容的影响，同时也会受到教师个人品德、个人思想、文明教养、教学态度及教学方法等的影响。当前基础课程教师比较短缺，学校的教师队伍偏向于中年和老年，没有建设稳定的青年队伍，而且教师的教学工作也不积极。针对这样的情况，我们要培养中青年的骨干教师，提高教师的政治思想觉悟，激发教师对工作的热爱，让教师有强烈的责任感、爱岗敬业、积极奉献，除此之外，还要提高教师的科学素质、科学水平，为教师提供培训渠道。在教学方面，学校应该制定严格的教学工作规范，严格设置理论教学要求和实践培训要求，为中青年教师的师德设置外在的约束，全方位提高教师的知识储备、教学能力、道德素质。此外，学校应该完善管理体制，为中青年骨干教师提供完善的职称评定制度、工资晋升制度、住房保障制度及其他方面的制度。

第二，教学方法。学校应该改革传统的教学方法，不再向学生进行知识的灌输，而是要让学生去做教学探索，在实验及实践过程中学习知识。学校的考试也应该从应试考试方式转向创造性的考试方式。学生的毕业论文应该从对其他人的模仿转向自主的命题研究。在教学方法方面，学校应该针对不同的学习对象、不同层次的学生采用不同的教学方法。学校还可以引导教师采用讨论形式、分析形式、计算形式或实验形式的教学方法。

（3）学生

教学过程需要教师和学生的积极参与，是教师引导学生认识客体并将外在的客体转化成自己内在知识的过程。具体来讲，教学过程就是教师按照教育的相关要求对学生的知识理解、知识转化做出正确的引导，让学生形成正确的思想观念，养成良好的思想品格，掌握一定的知识和才能，对学生进行全方位培养的过程。学生在学习的过程中对知识的吸收会受到学生原有知识基础、智力水平、学习态度的影响，而教师要做的工作就是根据学生的基本情况激发学生的兴趣，让学生通过主观的努力将外在的客体转化成自己的知识与能力。因此，教师必须充分重视学生的主体作用，使用多样化的教育方式开发学生的思维和智力，培养学生的品格和情操，向学生传递正确的人生观念、价值观念，让学生积极快乐地投入学习中。

（4）教学条件

通常情况下，教学条件指的是教学需要的物质条件，比如说实验设备、教学资料、教学用具等。

（5）校风

校风是指学校的风气，校风建设的好坏会直接影响学校的教学质量高低。一个学校学习风气是否浓厚、学习态度是否正确都会影响整个学校的风气建设。教师在校风建设的过程中应该严格规范自己，为学生树立榜样。

第一，学风。学风是良好教学质量的基本保障。学风的主要内容是扎实的学习、扎实的工作，以科学严谨的态度对待工作和学习。学校应该加强自身的学风建设工作。

第二，考风。学校主要通过考试来检查教学效果和获取教学反馈信息，学校会通过考试的方式衡量学生的学习成绩，判断学生是否完成了教学目标。但是，近年来，学校中各种考试作弊现象频繁，这表现出学生对考试没有形成正确的纪律观念。因此，学校应该严明考纪，加强学生的考风意识，在学校构建良好的考试风气。

第三，教风。教师应该发挥为人师表的作用，严格要求自己、要求学生，在教学的过程中始终以严谨科学的态度开展工作，始终严格要求自己的道德品行，通过品行和学识获取学生的信任和尊敬。

第四，校园文化。校园文化对学生品格道德素养的塑造有非常重要的作用，可以在潜移默化的过程中陶冶学生的情操。学校可以通过举办各种文艺活动、各种比赛、各种晚会来构建自己的校园文化，在校园内营造非常积极、非常和谐的文化氛围。

（6）支持保障

第一，后勤服务。后勤服务主要是为教学提供需要的设备材料，比如说技术材料、技术设备、物资材料等。除此之外，还要保障全校教职工师生的生活需求。学校的后勤部门需要了解学校各个方面的需要，及时地为学校教学工作、科研工作的开展提供物质条件保障，后勤服务的主要精神就是兢兢业业、任劳任怨、勤勤恳恳地为学校的发展提供保障。

第二，卫生保健。卫生是学生可以正常学习活动的基础和前提，卫生工作的开展主要是预防为主，平时需要做好预防工作，注意卫生的保持，从环境和饮食两个角度抓好学校的卫生工作。

3. 教学全面质量管理的实施过程

（1）招生过程中的质量管理

学校在招生的过程中应该综合考量学生的德智体美劳，做好生源的质量把控工作。与此同时，要加大学校的招生宣传，并在开展录取工作时，对学生进行全面的复查，为学校的教学提供更优质的生源。

（2）计划过程中的质量管理

计划过程涉及教学计划的制订、教学计划的修改，以及教学计划的实施。学校需要从上到下建立教学计划工作小组，包括学校领导、学校各个部门的负责人、学校教师在内，综合制订出学校的教学计划，并及时根据教学变化进行调整，通过教学计划的制订保证人才培养质量的稳步提升。

（3）教学运行过程中的质量管理

教学运行过程中的质量管理指的是要严格把控教学各个环节的质量，要按照教学计划开展各个环节的工作，无论是对教师还是对学生都应该严格要求。学校的领导及部门负责人应该旁听课程，了解实际的教学效果，同时，也要倾听教师和学生对学校教学工作提出的反馈意见，从整体的角度综合掌控学校的教学运行阶段，并且发现问题要及时处理、改正。

（4）教学辅助过程中的质量管理

教学辅助主要是为教学工作的开展提供辅助资料、辅助设备、辅助场地，以及其他方面的服务辅助。

（5）考试过程中的质量管理。学校需要建立有关考试工作开展的制度，并配备人员对考试过程进行严格的管理，要做好考试相关工作，保证学校培养出的毕业生都是合格的社会主义接班人。

4. 教学全面质量管理的实施条件

（1）提高教学管理人员的管理水平

第一，加强质量意识，创新质量观念。步入 21 世纪后，无论是国际社会还是国际经济或其他方面的发展，都非常注重质量提升。研究学者认为当今世界正处于从数量开始转向质量的过渡时期，这标志着数量时代已经结束，质量时代已经开启。在这样的时代，谁能够创造出更优质的质量，谁就是时代的先锋，因此必须加强质量意识，创新质量观念，培养出符合国家标准的高质量的人才。

第二，运用科学的管理知识进行管理，学习借鉴世界中的优秀管理经验。学校应该针对管理人员进行长期的定期培训，让管理人员具备科学的管理体系、管理知识，提高管理人员的水平和素质。有条件的学校可以组织管理人员赴国外访问考察、交流、进修，为管理人员的自我提升提供支持，有利于建设出符合现代化社会要求的管理团队。

第三，运用现代化的管理观念、管理手段进行管理。现代管理理念已经形成，并且应用到社会发展的各个部门中，教学质量管理也不例外。学校应该使用现代化的管理观念、管理手段改革当前的管理制度，在教学中运用数字技术进行综合的系统分析，借助于先进的计算机技术对学校各方面进行科学管理。

（2）完善教学管理制度

教学管理未来的走向必定是科学化、规范化、制度化，学校必须及时改正当前管理规章制度中存在的问题，对管理制度进行优化和完善，保障学校各个管理工作环节的开展都有制度可参照。与此同时，学校还应该制定完善的教学计划、教学大纲、教学日历。除此之外，其他方面的管理制度也应该及时建立健全，比如学籍管理制度、成绩考核管理制度、档案保存管理制度、实验室管理制度、教师及职工的人员管理制度、教职工的奖惩制度、大学生守则制度、课外活动制度等。

（3）改善教学物质条件

第一，资金。国家会为学校的发展提供资金支持，学校所在的地区也会为学校发展提供资金支持。对于学校来讲，在利用资金时应该开源节流，从外部积极地获取发展资金的支持，与此同时，学校内部资金的使用也要遵循节俭的原则。除此之外，学校应该致力于科学技术的研究，以市场发展作为技术研究的基本导向，设计出能够代表学校先进科学技术水平的产品，形成自己的高新技术团队，为学校后续的财力累积提供基本的保障和支持。

第二，实验室。实验室的主要任务是培养学生的动手能力、操作能力、创造能力，学校应该逐步提高实验室的配备比例。在实验内容方面，学校应该为学生提供更加全面、综合的实验设备，同时还应该成立自己的专业实验室，比如说化学实验室、生物实验室等，要明确自己的教学任务、科研任务，将实验室办成有特色的实验室。

第三，图书资料。师生教学工作的开展离不开图书资料的支持，学校的图书资料中心是图书馆，学校人才的养成必须要研究借鉴大量的图书资料。因此，图书馆应该为学校师生提供系统的优质的图书文献，特别是和科学技术有关的职业教育图书资料，同时还应该精准、快速地为师生提供资料情报。

二、中职学校教学质量监控体系的构建要素与系统

（一）中职学校教学质量监控体系的构建要素

教学管理的核心任务就是质量管理，在质量管理中建立确保教学质量并可进行不断改进的监控体系非常重要。人才培养质量不像工业产品一样可以进行测量和评价，它具有隐含性。为了减少人才培养质量上的随意性或者失误，有条不紊地培养出高质量人才，需要通过科学的方法，在各个环节和内容上建立全过程监控机制，包括事前预防、过程控制和事后总结提高，同时需要动态地控制整个过程中每个环节的发展，使之均处于受控状态。

体系是指由多种要素相互结合、相互作用而构成的有机整体，教学质量监控体系的四个要素分别是：

1. 监控者

在学校教学质量监控管理的实施过程中，学校有关机构和人员就是监控者，主要有校、院、系三个层次。

首先，是学校机构及人员进行的教学质量监控。在整个学校教学质量监控中，校级教学质量监控者有着主导作用，主要包含教务处、校教学指导委员会及主管校长等机构和人员。其中最突出的是教务处，它是组织和调度学校教学工作的专门机构，由校长亲自领导，代表了整个学校的教学质量管理水平，教务处的主要职责包括：①教学质量管理方案的制订；②组织安排教学工作并调控教学质量；③组织和开展教学质量评估和质量调研工作；④组织老师对教育工作进行计划、总结和交流；⑤教学质量监控制度的建立和完善；⑥对每个院系、每个专业进行质量管理；⑦对院系和基层工作进行指导。

其次，是院系机构及人员进行的教学质量监控，主要人员包含院长、系主任、主管教学的副主任、院系教学秘书。院系的质量管理工作主要包含：①以学校的教学质量管理规定作为指导思想，对每个专业的教学质量统一进行计划、安排和检查；②组织和安排课程教学，研究和检测教学质量；③组织建设教学基础设施，管理教学小组和个人的教学活动；④有效管理学生的学习活动。

最后，教学质量监控的基础是教研室（实验室），主要工作包括根据校院二

级制订的教学质量管理计划和目标，组织和管理所属课程的每个教学环节，从教材讲义的编写、教案的审批，到教研活动的开展、教师业务学习的组织，再到授课质量的检查、教学质量的反馈，对教学规章制度的执行情况进行监督检查，以及辅导和管理学生的学习活动等。当教研室的课程类型较多、教师队伍较大时，需要将教研所分成多个教学小组。教学小组主要是为了更好地开展和组织教学工作，并不是教学组织的一种。

2. 被监控者

在教学质量监控体系中，但凡影响教学质量的因素都是受控对象，这些影响因素是来自人、物和管理方面的因素，是以多因素、多方面、多层次的形式存在的。

首先是人的因素。教师教导、学生学习及领导干部管理是构成教学活动的几个组成部分，因此对教学质量产生影响的人的因素自然是教师、学生和管理人员。

其次是物的因素。在教学活动中，学校需要提供一定的物质条件来确保教学和教学管理。影响教学质量的物的因素，可分为直接影响因素和间接影响因素，场地场所如教室、实验室、运动场、图书馆等，以及教学仪器设备、教材图书资料等都属于直接影响因素，而宿舍、食堂等与生活相关的后勤服务则属于间接影响因素。

最后是管理方面的因素。人和物的因素对教学系统的影响既相互独立，又相互结合。要想更好地将不同因素结合起来，提高教学质量的效率，那科学规范的管理是必不可少的。要想充分发挥人和物的作用，就需要严密的管理组织、健全的规章制度、先进的管理方法和高超的科学管理水平。由此可见，管理水平对教学质量的影响非常重要，同样属于受控对象。

3. 监控活动

（1）监控内容

监控内容由教学基本建设、教学运行状况和教学管理情况三个部分组成，其中教学基本建设既是教学质量得到保证的基础，也是教学质量的静态反映条件，包含学科专业、课程、教材、实践教学基地、管理制度、教学队伍、学风等方面的建设。教学质量的动态活动通过教学运行状况反映出来，教学运行状况分为教师教学情况和学生学习情况两个方面，其中教师教学情况包含课程授课计划、备课教案、上课情况、课后辅导、作业布置与批改、检查和评定学生的学习成绩等。学生学习情况包含课前预习、听课、课后复习、练习及系统小结等。教学管理情况作为教学质量监控的重要内容，主要包括以下内容：教学管理组织机构的严密性；教学管理岗位职责是否明确；教学管理运行规章制度是否健全并得到落实。

（2）监控形式

监控形式是指监控教学质量的方式和方法，主要体现在以下方面：制度规范、督促检查、评估评价和反馈调节。监控和管理教学质量的基础是规章制度，它分为教师的工作制度、岗位职责和奖励制度及学生管理制度。教师的工作制度包含制定基本教学文件，比如教学计划和大纲、学习进度计划、教学日历、课程表、教学总结等，以及学籍成绩考核管理、实验室管理、排课与调课、教学档案管理等。教师的岗位职责和奖励制度主要是对教师和教学管理人员进行岗位职责划分，学生管理制度包含学生守则、课堂守则、课外活动规则等。教学质量监控经常采用督导检查的形式进行，分为常规督导检查和定期督导检查，也称作教学质量的常规督导检查和重点项目的定期督导检查，常规督导检查的方式有检测日常作业、举行期中考试、召开座谈会等；定期督导主要针对的是开学前的教学准备工作、期中教学和期末检查等。教学质量监控的有效方式是评估，校内教学质量监控方式包含学院教学工作评估、系教学工作评估、教研室教改教研工作评估、教学基本建设评估、教师教学质量和学生学习质量评估五个方面。当反馈信息渠道建立后，将反馈信息进行收集和整理，调节教学工作，从而使教学质量监控良性运转，这就是反馈调节。反馈信息包含教师教学质量反馈、学生学习质量反馈，以及学生从业后企业及社会的反馈信息。获得反馈信息的途径有教学检查、教学督导和评价、听课，以及各级信息反馈网。各级信息反馈网指的是学生信息网、教师信息网和毕业生信息网。

（3）监控过程

教学质量监控过程分为大过程和小过程，大过程是指学生从输入开始到输出结束的整个过程，即招生—计划—教学—毕业全过程，这也是学生基本成型的过程，是有效进行教学质量监控和管理所必须受控的过程；小过程是指一个管理周期的监控过程，通常以一个学期为一个周期。

4. 监控目标

教学质量监控和管理所希望的结果就是其目标。其前提或基础是建立教学质量监控与管理目标子系统，教学质量的标准就是目标，评价结果就是目标的完成程度。监控目标子系统包含总目标和教学过程、影响因素、教学保证、教学质量四个分目标。

总目标是教学质量监控和管理的核心，起着统领全局的作用，通常指的是学校为培养人才而制定的基本质量规格，既是不同学校特色的体现，也是经所有学校成员认可的。整个学校的总目标也是教学质量监控与管理的基本依据和目标。监控过程就是在可能性的监控系统中进行有目的、有方向的选择，总目标起着引导目的和方向的作用。尽管在教学质量监控过程中，总目标并不能完全实现，但总目标的制定能够使结果与理想状态更为接近，使其中的不确定性减小。因此，根据总目标与分目标的统揽关系，学校需要分解总目标，从而使教学质量监控目标系统能够融会贯通、相互协调，可操作性增强。

（二）中职学校教学质量管理体系的系统

1. 教学质量管理理念系统

以人为本、全员参与、科学管理、追求无限是学校的教学质量方针，其意义是：首先，秉承以人为本、教书育人的教学宗旨，将学生的人格和需求及教师的人格和需求充分考虑进来，运用有效的运行机制和方法，充分激发学生的学习动力和教师的工作热情。其次，对教学质量管理进行研究、讨论和宣传，统一树立全校师生的教学质量管理意识，营造良好的教学质量管理氛围，使全校各层次都能理解并落实教学质量管理体系。第三，为建立先进的教学质量管理体系，需要根据学校的特点和发展目标，对合适的教学质量管理理念、理论和方法工具等进行研究、吸纳和运用，从而使教学质量管理体系更具科学性和有效性。最后，根据学生和社会的需求，对学校的教学质量管理体系不断进行更新和完善，提高学生和社会的满意度。

培养高质量、高素质、创新型人才，使学生人格发展健全，具有强烈的社会责任感，且在社会上甚至国际上具有较强竞争力是学校的教学质量目标。其意义是学校在培养学生时，除了要使其具备国家要求的基本毕业资格外，还应注重以下方面：①专业知识基础宽厚，具有系统性的科学思维和较好的人文素质；②具有一定的学习能力、实践能力和创新能力；③具有一定的计算机网络知识和外语知识；④在工作中能够团结合作，有着求真务实和不断挑战的精神；⑤有梦想、有激情，品性诚实、正直，性格执着、刚毅。⑥具有较强的社会责任感，对时代赋予青少年的社会责任能够勇敢地承担。

教学质量管理理念系统的思想基础有以下几点：①全面质量管理理念与意识；②ISO9000质量管理标准的基本思路；③业务流程再造的理论与技术；④教学评估的思想与方法。

2. 教学质量管理文件系统

教学质量管理文件系统以 ISO9000 质量管理系列标准为基础。在最初，ISO9000 质量管理系列标准产生于企业的质量管理控制，但在其原理和方法的实践过程中，显现出了适用于学校甚至其他组织的属性。为了使 ISO9000 系列标准能够真正地运用到学校教学质量管理体系中来，在建立文件系统时需要遵循以下几个原则，分别是：①在 ISO9000 系列标准实施中，最为关键的是让最高层领导发挥作用；②树立统一的系统管理思想，遵循统一的系统管理原则；③将过程和目标管理紧密结合起来；④遵循质量管理文件编制的基本原则，即"写实"和"优化"，将所有要素、要求和规定都纳入教学质量管理文件，从而形成教学质量管理文件系统，其又分为以下四个层次：一是质量手册，也就是纲领性指导性文件；二是技术、管理规范和程序等规范通用性文件；三是计划方案和措施等方案措施性文件；四是鉴定、评价报告和记录等记录鉴证性文件。

3. 教学质量管理组织系统

教学质量管理组织系统包括组织、协调、监督、控制四项基本职能，这四项职能分别通过组织机构、质量环节、质量关联、质量活动和质量信息五项关键内容来实现。组织机构是指教学管理决策机构和执行机构的设立及职能划分；质量环节是指质量管理活动流程的先后顺序；质量关联指的是质量活动的职能分配，也就是使有关单位将质量活动和内容具体落实；质量活动是指在整个质量管理过程中的重要活动，它是对各自机构人员在质量管理全过程中主要活动的内容与行为方式的规定；质量信息是指为了建立一个闭环系统，需要在质量管理流程上标注重要的质量活动信息流，从而便于建立控制反馈系统。

第六章 中职学校一体化教学模式优化与实践

第一节 中职学校一体化教学模式的构建依据

一、一体化教学体系

教学体系涵盖学校教学活动的主要方面，既包括教学框架设计、教学计划安排、教学过程，又包括为实现教学相关进行的时间、地点等要素安排，还包括教学的对象和实施者及以教学监督为目的的教学评价。教学体系应是一个动态的、循环的体系，既随着教学评价反馈结果进行适时调整，也随着职业岗位需求变化而有所调整。一个合理的教学体系能够使人和事物都发挥最大效用，物尽其用，人尽其职，使教学对象得到知识、素养、能力的积累和提升。

一体化教学体系把传统的理论课堂和实践课堂合二为一，课程内容参照企业岗位工作任务选取，采用项目教学法、案例教学法等开展教学，学生不仅可以积累知识经验，也可以积累与职业相关的技能经验，有利于职业能力的形成。有学者指出一体化教学由一组教师在共同制订教学内容、教学方法与教学进度的情况下实施，可提高被教育者的综合素质。然而，教育是一项复杂的工作，绝非单纯课堂教学的改革。

二、中职学校的职业能力

能力是与职位或工作角色联系在一起的，是胜任一定工作角色所需的知识、技能、判断力、态度和价值观的整合。确切而言，综合职业能力是在职业活动中表现出来的多种能力的综合，应至少包含两种能力：专业能力和核心能力。专业能力是指从事某项职业活动时，运用与之相关的专业知识和技术的能力，强调能力的应用性和针对性，专业能力只适用于特定的职业岗位，虽然适用面窄，但针对性强；核心能力从一般的职业活动中抽象出来，强调从事职业活动的社会适应能力，包括学习的能力、适应职业变迁的能力、适应社会的能力等。

三、中职学校一体化教学模式的理论依据

（一）杜威的教学理论

1.职业教育的课程体系

杜威主张把技术与人文知识作为职业教育两大内容，主张职业教育课程体系综合化，要让受教育者不仅能够接受职业技能的培养，还能够接受关于科学、艺术、社会文化的素质教育。杜威的课程观拉近了职业教育与普通教育的距离，有一定的借鉴学习价值。

2."从做中学"教学方法

杜威主张的"从做中学"，实际就是从行动中学、从实践中学。"从做中学"重要的是创设问题的情境，让学生自己动脑思考解决问题所需要的知识，提出解决问题的可行方法，继而来自动手解决问题，检验方法的正确性。这种教学方法重视学生方法能力的养成，学生在思考和动手过程中亲自体验问题的难点并成功克服难点，完成任务，重视解决问题的能力。杜威认为"教育即经验的重组"，"从做中学"也是一种经验的方法，学习过程是一次成长的过程，每经历一次"从做中学"，学生的经验就丰富一次，之后再遇到类似问题便不是简单照搬经验，而是利用积累的经验，运用正确的方法，分析解决问题。"从做中学"带给我们的启示不仅是"做"，而是通过"做"学到"知识"，积累知识，提升能力。一体化教学课堂借鉴"从做中学"理论，是培养学生综合职业能力的有效途径。

（二）多尔的后现代主义课程理论

多尔认为课程是由师生共同探索且不断更新变化的，没有绝对客观稳定的知识，课程内容要跟随客观世界的变化反映知识的发展，教师应在教学中通过不断反思，优化丰富课程内容，并随着外界环境的变化及时对课程目标做出调整。多尔提出的"4R"后现代主义课程理论主要包括四个特点：丰富性（Rich）、回归性（Recursive）、关联性（Relational）、严密性（Rigorous）。"4R"后现代主义课程理论主张课程设置的目的应在于使每门学科既能激发学生创造性，又不失

去适合的形式或形态，并不断在学生、教师之间予以协调，以此丰富课程的内涵和促进教师和学生的转变。多尔的"4R"后现代主义课程理论为我国的教育带来了启示。

我国的职业教育课程目标明确，但相较于不断变化的外界环境来说，就显得有些陈旧呆板。教师普遍都是由传统的学科体系培养出来的，在课程组织上必然坚持"学科中心"，只以课程的实施者身份出现，不会对课程目标做出适应环境的调整。学生在这种课程体系下思维僵化、被动、应付。多尔建议课程为人的发展转变服务，针对不同的学习群体和学习环境，课程目标应是灵活变化的。多尔将教师界定为"平等中的首席"，教师应由外在于学生情境转变为与学生情境共存，作为课堂创设情境中学生的辅导者、督促者而出现。教师要把教师权威由外显变为内隐，成为情境的领导者。这为我们实现教师角色的转变提供了依据。

中职学校的课程要体现开放性，动态地适应纷繁变化的教育环境。课程目标注重人文学科与自然学科的相互渗透，既具有一般性，又不乏适应社会的创造性。高速发展的计算机技术，使原来晦涩难懂、抽象的理论原理知识通过仿真模拟技术轻松呈现出来，从而降低了学习难度。

随着网络技术的盛行，教育形式呈现多样化，且不再拘泥于学校校园，而是走进千家万户，只要有一部电脑、一根网线，随时随地都可实现网络学习，这不仅对课程设置及教学手段都提出了新的要求，而且也要求教育工作者要更新教育理论，创新实践新形势下的教学模式。

（三）建构主义的学习理论

1. 学生观

建构主义认为，学生在日常生活、学习中已经形成了丰富的经验，现有的知识和经验就是他们学习新知识的起点。教师要正视这些丰富的经验和知识，引导学生在此基础上建构新的知识。传统教学将知识直接灌输给学生，忽视了他们已有的知识经验背景。建构主义认为，学生在获取新知识之前会运用他自己已有的知识、经验与之进行比较，根据分析结果确定是否接受新知识，以及如何建构解释消化吸收新知识。社会文化背景不同的学生对同一知识获取到的信息千差万别，因此教师在进行教学设计时应充分了解并尊重每位学生的已有经历，在一体化课堂上根据学生特点因势利导，巧设问题，让学生在最有利的环境中结合自身经验建构新知识，并丰富或调整原有知识。

建构主义认为，学生并不是毫无条件地接受新知识，而是当有新事物出现时，在自身积累的独特的经验和原有知识的基础上，审视事物的准确性和可靠性，继而加工、建构新的知识。职业教育也需要全面调动学生的主动性，学生的学习必须以主动性为基础，如果缺乏主动性就通过教学环节的设置来调动其主动性。学生不会原原本本地接受教师传递的知识，也不会全盘转变被动学习的现状变得主动性高涨，因此更需要给学生全面发挥的空间，更需要合理可行的课程设计。

2. 课程的设计

建构主义认为，呈现给学习者的应该是跨学科的内容，要淡化学科之间的界限，把信息、概念、技能等放到一个变化的环境中。学生在该变化的环境中，通过整合信息，为寻求新的知识和技能而发挥主动性，开拓思维，锻炼能力。建构主义在教学上主张"自上而下"设计和展开教学进程，即先向学生呈现整体性的任务，让学生自己尝试进行问题的解决，然后学生通过思考查阅资料，发现完成整体任务需要首要完成的各级子任务，对照各级子任务确定所需的各级知识技能，通过探索，最终解决任务。

探究性学习是建构主义学习理论在课程设计中具体应用的典型代表，探究性学习过程是学习者通过发现问题和解决问题而建构知识的过程。当前职业教育的课程改革，把探究性学习作为实践活动课的重要内容，项目教学法、案例教学法是广泛采用的探究性学习的两种具体模式。

3. 教学创设的情境

建构主义认为，理想的学习环境应包括情境、协作、交流和意义建构。创设的情境要近似于任务所在的真实情境，学生置身其中，通过对现有资源的观察，结合记忆中的知识、经验，与同伴相互协作，收集资料信息，交流商讨解决问题的方法。协作、交流是交叉进行的过程，学生们从各自观点不同、相持不下，到逐渐统一看法、明确方法，在争执、反思不断重复的过程中，意见趋于统一，对新知识的理解也越来越全面、准确，最终完成了新知识的意义建构。情境教学法强化了学生的思维能力、交流沟通能力和团队协作意识。

根据建构主义学习理论的观点，为学生创设学习情境，能增进学生合作，培养团队意识，激发学生创造性思维活动，从而促进学生自身积极地对所学内容进行意义建构。职业教育有其自身的特点，专业知识技能通过实际情境中的应用活动能直观真实地被学生理解和接受，可以有效帮助学生利用原有经验和知识，获取新知识，更重要的是获取宝贵的职业技能经验。因此学习应该与情境化的社会实践活动结合起来。

第二节　中职学校一体化教学模式优化的必要性

经济的发展与科技的进步，引发了日益激烈的市场竞争，劳动就业、供需关系出现错位。现代企业不但需要那些具备专业知识的人才，也需要那些具有职业能力和综合技能的人才，这样才能够胜任工作岗位，尽快适应职业需求。

一、中职学校一体化教学实施存在的问题

第一，增加实践教学课时无目的。理论课与实践课相比，学生对实践更感兴趣。于是很多教师在一体化教学过程中主动缩短理论教学时间，大量增加实训实践时间。但是过分强调实践而忽略理论的教学，会导致学生在实践时因缺少理论知识的支撑，使实践教学流于形式，同时由于教师对实践环节并未确定有效的专业技能目标，不能灵活组织课堂，学生只停留在模仿教师操作的层面，生搬硬套地完成任务，学生无法形成对技能点的固化，也不能根据理论知识进行举一反三，创新、自主设计能力得不到培养。

第二，教学内容随意拼凑。一体化教学过程将理论教学内容和实践教学内容进行有机整合，是采取先理后实还是采取先实后理的顺序，取决于哪一个能更好地引导学生学习，启发学生的思维。目前，在一体化教学课堂上，教师普遍先进行理论讲解，然后进行示范操作。示范操作后的大部分时间都留给学生自己动手操作。给学生布置的任务也只局限于完成某一个工件，但对工件的工艺规程基本没有要求，加之部分教师没有责任心，教学目的淡漠，应付了事，因此学生虽然通过操作实践提升了专业技术能力，但综合职业能力要求的团队协作能力、沟通能力、解决问题的能力、语言表达能力、创造能力都没有达到既定的目标。

第三，课堂组织混乱。中职学校设定的班级人数普遍都在30人以上，班大人多，每个班级配两位教师，教师既要负责理论教学，又要指导学生实践，并且在实践环节问题较多，一部分学生动手，一部分学生观望，还有一部分学生聊天玩手机，剩下一部分学生还想溜出教室。教师既要讲课又要维持纪律，还要确保每位学生在一体化教室的安全。尽管课堂气氛很热闹，但收益不大，教师花费了心思，依然掌控不了课堂。为了把大部分学生的注意力都集中在课堂，把心留在课堂，让全部学生都变被动为主动，教师必须严格要求、实时监控，不仅要在教学方法和教学构思上革新，还要在完成教学任务的前提下，提高教学的趣味性，

积极调动学生学习的积极性。另外，降低一体化教学课堂学生人数，也是课堂教学安全有序、有条不紊地进行的途径之一。

第四，教材整合脱离实际。一体化教学需要综合学生学情、学校现有条件和企业岗位需求整合教学内容，提倡聘请行业企业专家参与专业建设、开发校本教材、来学校任教。但校企合作、聘请行业企业专家并非易事，使得部分学校的教材开发由专业课教师承担，缺少企业专家参与，而教师受自身经验和实践能力的制约，在整合开发一体化教学内容时容易从书本中来再回书本中去，闭门造车，造成教学内容脱离企业实际、不能紧跟企业先进技术，使得培养的学生专业技能很难出类拔萃。

第五，学生不能适应新的学习方式。在一体化教学课堂上，教师期望改变以往学生死记硬背、机械训练的状况，一般会采取小组学习的方式，以小组为单位完成某一课堂任务的设计、实施和评价，激发学生主动参与的热情，培养学生乐于探究、勤于动手的学习习惯。在以接受性的学习方式为主的前提下，部分学生对小组学习这种学习方法不适应，觉得老师没有讲课，就无从下手。如果小组实践环节教师监督稍有松懈，课堂就会乱成一锅粥。

第六，教师观念转变缓慢。一体化教学课堂不同于传统课堂，教师必须转变原有的教学观念，才能在教学设计中发挥出一体化教学的优势。多年的教学经验和人格魅力浓缩了教师的个人教学风格，这种特有的风格是在以学科为主的传统教学体系下沉淀形成的，与一体化教学格格不入。教师执教观念如果不能及时更新，再好的教学设施都发挥不了作用。尤其是当前青年教师大部分来自职业学校，是传统的学科教育体制培养出来的具有较高理论素质的人才，但由于欠缺实践经验，在承担一体化教学任务时难免有些吃力，需要不断加强实践教学能力。学校要加强师资队伍建设，鼓励教师积极参加各类培训学习，开阔视野，更新教育理念，更好地指导教学。

二、中职学校一体化教学模式的优化途径

为适应市场经济发展方式的转变、企业岗位用人和技术进步的需求，中职学校在实施一体化教学改革中，应着力构建一体化教学体系，以推进校企合作、顶岗实习为核心，聘请行业企业专家参与专业建设，共同开发具有学校自身特色的人才培养方案，重构课程体系，改革教学模式，创新教学环境，健全三方教学评价机制，加强师资队伍建设，积极开展校企合作，努力建成"培养方案一体化""课

程体系一体化""师资一体化""教学设计一体化""教学资源一体化""评价考核一体化""校企一体化"等体现职业教育特点的优质高技能人才培训基地，依托企业，把源自企业一线的知识技能通过加工重组后以一体化教学为媒介传授给学生，使学生在校就能接受最前沿的技能和知识的考验，顺利实现毕业到就业的过渡，从而提高中职学校的办学质量。

（一）培养方案一体化

专业人才培养方案是为培养目标、课程体系、教学环节、教学手段等的整体设计服务的。为增强培养的人才对企业的适应性，通过对企业用人规格、技能要求、职业素养等方面的调研，形成岗位需求调研报告，并与行业企业专家共同研讨，结合职业岗位要求及国家职业资格标准形成人才培养方案，合理确定学生培养目标，设计课程体系，制定教学内容及教学方法。

中等职业教育的培养目标是高素质劳动者和技术技能型人才，因此课程设置要体现技术性、实践性。目前，中职学校普遍开发基于工作过程的专业课程，打破学科体系，将理论课与实践课有机整合，对教学内容、教学手段、教学评价通过化整为零的思路优化整合，依照工作任务的需求进行设计，形成一体化人才培养方案。

（二）课程体系一体化

课程结构和课程内容是构成课程体系的两大部分。杜威认为："一个课程计划必须考虑课程能否适应当代社会生活的需要。"在课程结构上把各类课程分门别类，重新划归公共素质课、专业基础课、专业能力课和能力拓展课，课程内容也随之改变，专业基础课和专业能力课将原有的几门单独课程以工作任务为导向，化零为整，合并归类形成一门"一体化课程"。编制适合实施一体化教学的教学计划，教学内容编排上以够用为度。整合教学目标，使学生必须掌握的知识与应达到的能力水平融为一体，克服传统教学中偏重于知识目标的确定，而忽视能力目标的定位的缺陷，确立以职业岗位能力为导向，融知识、能力、态度三个层次目标为一体的教学目标。

（三）师资一体化

中职学校要以"双师素质"教师培养为重点，加强师资队伍建设，增加教师的企业工作经验，不断更新职教理念，组织教师参加国家级、省级师资培训，增加教学经验，将教师下企业实践常态化，提升理论教师的实践技能，调整实习指导教师的知识结构，聘请更多行业企业的技术专家加入教师队伍，提高教师的专业实践水平和教学设计能力，努力打造一支理论功底扎实、实践技能过硬，并掌握前沿生产技术发展趋势的专兼结合的教师队伍。

教师是教育改革中的核心因素。一体化教学的出现，要求教师要用新的教学方法，改变课堂教师主体的思想。这就需要教师在实践中不断地努力，乘着一体化教学改革之风，主动探索更适合中职学校的教学方法、教学设计。

为完善教师培训体系，中职学校可通过校内理论教师带实习、实习指导教师参与理论教学的方式，解决理论教师与实习指导教师由于分工而造成的问题，实现"教学相长"，也可通过校外依托各级各类培训学习、院校学历深造和大中型企业实习等途径，不断更新和提高教师的执教理念和专业技能。另外，中职学校还可通过聘用实践经验丰富的企业技术人员担任兼职教师，建成一支专兼结合的"双师型"教师队伍，为一体化教学的顺利开展提供师资保障。

（四）教学设计一体化

建构主义在教学上主张"自上而下"来设计和展开教学进程，即先不进行理论知识讲解，而是把与知识技能相关的任务整体布置给学生，学生运用各种媒体收集信息资料，对任务进行分析，继而将所要完成的整体任务分解成所需的子任务，再寻找完成各子任务所需的知识技能，然后探索实践，通过开发—实践—修正—实践—完善的循环方式，最终达到圆满完成任务的目的。教师在教学中采用项目教学法、案例教学法、情境教学法，实施过程通常是教师讲授简单的理论知识并创设情境，学生通过讨论、查阅资料，设计问题的解决步骤并成功解决问题。

一体化教学设计主要以实践教学为主，但要将理论教学合理地融入实践教学环节，具体可以把理论教学的复习提问阶段、新课导入阶段、分析阶段和小结阶段融合在实践教学的课前指导、课题训练和任务完成后总结三部分中，创新出一体化教学的课前指导、工作任务训练和课后反馈总结环节，使知识的传授更加系统化。课前指导由教师布置工作任务，根据工作任务的难易程度予以示范演练，学生与教师共同讨论分析任务，学生初步设定操作工艺规程，确定所需工具、量具及设备等；工作任务训练指导环节将学生以 6 ～ 8 人为一组布置工作任务，教师在此阶段巡回指导，对工作过程的突发状况予以处理，对学生的难点给予指导，但要做到教师只是发挥"指导"而不是"主导"作用，及时对学生进行全面检查和评价。巧妙的教学设计思路和严谨的教学实施过程，不仅可以促使学生手脑并用，学做结合，激发学生的求知欲，提高学生的学习兴趣和学习主动性，而且对提升认知水平和解决问题的能力，增强小组成员之间的协作力、交流能力和创造性都具有非常重要的作用。

另外，一体化教学的出现，促使教师必须主动钻研业务，在研究一体化教学设计上下工夫，努力提高自身教学水平，从而建立一支执教能力过硬的教师队伍。在课后总结环节，教师对操作过程的不足、难点和成功之处进行总结，完成工作任务过程性评价，学生也相应做出自我评价和组内成员之间的相互评价，教师将评价结果直接反馈给学生，能更好地激励学生在下一个工作任务中改正不足，巩固优点。

（五）教学资源一体化

学校教师与企业专家应根据专业人才培养方案和岗位需求调研报告，提取企业典型工作任务，结合学生学习认知规律重新细化课程内容，共同编写一体化教材。教材编写应坚持"理论够用、实践过硬"的思路，适量删减纯理论原理性知识，以完成项目任务的形式组织章节，注重引入新技术、新工艺、新方法，淘汰陈旧过时的知识点，使教材富有时代性。一体化教材也可开发成工作页的形式，将企业典型工作任务作为学习任务编排，模拟企业生产情境，围绕任务的完成展开相关知识点和技能点的学习。

中职学校还应充分利用现代化网络技术和多媒体技术，优化和整合教学资源，建成电子教案资源库、网络课件资源库、试题库、教学案例资源库、教学视频等，供师生共享使用，方便学生查找资料和温故知新。

（六）评价考核一体化

教学评价的目的是促进教学工作质量不断提高，对被评价对象做出具有某种资格的证明。教学评价是当今教育教学过程中一个重要环节，教师通过教学评价可以了解每个学生的情况，发现问题，改进教学，提高教学质量；学生也可以通过评价结果了解到自己各方面的发展情况，扬长避短，促进自身全面发展。反馈的评价结果为学校的改革和建设提供了依据和借鉴，可以起到自我完善、自我提高、促进自身发展的作用。教学评价是学校常态化事件，不仅能全面检查学校的教学工作质量和工作成效，规范监督教学工作，同时，还有利于激励教师工作的积极性和创造性，提升学校的办学水平。

一体化教学评价一般可分为结果评价和过程评价两部分。对教师教学质量的评价，可从"教学态度、教学能力、教学方法、教学效果"等方面进行；对学生的考核，可采用"任务完成的结果评价和学习过程的过程评价"相结合的方法进行，其中结果评价以期末总考核成绩为主，过程评价分为自我评价、组内评价、教师评价，同时应把学生顶岗实习期间的考核引入第三方评价即企业对学生的考核。评价考核要素借鉴企业员工考核制度，结合能力培养目标设定量化指标。该考核指标要能比较准确地反映学习过程，突出能力考核。完善的评价体系，能比较全面地反映学生的知识能力和方法能力及社会能力的变化，教师通过反思评价结果，可以循环改进教学薄弱环节。

（七）校企一体化

中职学校应改善校内实训条件，按照"教学做"一体的教学要求布置实训室，将教学区与训练区分开，教学区放置桌椅黑板，训练区的设备、工具、加工材料和工件摆放都模拟企业生产车间，以提升学生就业初期对岗位的适应能力，营造出企业生产车间的气氛。也可在墙面张贴安全生产的标语，学生在这样的场地学习，能提前积累生产经验，有助于养成良好的职业观念。

实现校企一体的途径之一是建立校外实训基地。学生到企业顶岗实习，使用企业设备，企业师傅传授技术技能，使学生在毕业前就能亲自体验企业环境，从而为学生职业能力的养成和毕业后的职业规划打下基础。

学校建立生产性实训基地也是实现校企一体、实施一体化教学的途径之一。学生通过在校办工厂中学习、实践和生产，能快速提高学生适应企业的能力。

第三节　中职学校一体化教学模式优化的实践路径

一、制订人才培养方案

中职学校人才培养的核心是学生的综合职业能力。中职学校一体化教学打破了传统以学校为中心的培养模式，由学校和企业联合培养，并且依据岗位能力要求，共同制订人才培养方案。培养方案在培养职业能力的基础上，强调职业道德、职业素养，将顶岗实习写入培养方案，确定培养目标即培养面向企业的高素质劳动者和技能型人才。培养规格从专业知识、专业能力、职业素养三方面进行要求，强化了综合职业能力培养在人才培养中的地位。

二、建立"阶段培养，能力递增"课程体系

中职学校一体化教学按照"教学做"一体的模式，改革课程体系，贯彻"能力本位观"，调研企业岗位需求，依据岗位大类细化职业任务，提取典型工作任务，借鉴德国"学习领域"课程设计思路，根据学习过程及学生的接受习惯，将典型工作任务整合修饰，使其更适用于教学设计，最后再以学习情境的形式呈现出来，最大限度地给学生还原出一个完整的工作过程。

第一，制定教学计划。依据人才培养方案和课程体系框架图，合理安排教学计划，改变原有的课程类别的划分，设置公共素质课、专业基础课、专业能力课及能力拓展课四类课程，加大一体化课程教学比例，将专业能力课全部设置为一体化课程，上午上理论课程，下午上一体化课程。另外，学生在第六学期将在校外实训基地完成顶岗实习，由企业承担学生顶岗实习期间的教学任务。

第二，设置课程标准。以人才培养方案和人才培养目标规格为基准，参照职业岗位能力要求，对专业基础课、专业能力课共计 13 门课程制定课程标准，以能力培养为核心，课程目标加入方法能力和社会能力，确保学生在每门课程的收获不仅仅只停留在专业知识阶段，更要促进他们综合职业能力的形成，比如汽车发动机构造与维修专业的能力目标是使学生获得必备的应用技能，培养学生团结协作、细致严谨的工作态度及创新意识；加入方法能力和社会能力的目标是培养学生发现问题和解决问题的能力、良好的交往与沟通表达能力、正确的价值观和评定事物的能力等。汽车综合故障诊断与排除专业的能力目标是能大体上知道汽车在日常使用中会出现哪些故障，能运用现代化汽车诊断仪器对车辆进行故障诊断，同时还能熟练地调取故障代码，并将故障准确地排除。

第三，加入素质教育。当前中职学校学生的文化素质、心理素质、身体素质等都相对薄弱，中职学校可根据学生在校学习的阶段特点，将素质教育分段实施。分段实施旨在使素质教育在每一阶段（年级）都有所侧重，重点突出，注重开发学生的主动精神和智慧潜能，促使学生形成健全的人格。

三、开发编制活页教材

为配合一体化教学的实施，中职学校应根据课程标准编写一体化教材，要突出"任务引领"的特色，教学设计和教学组织都要着眼于培养学生的综合职业能力，要积极开发编制校本教材。例如，"汽车发动机电子控制系统维修""汽车综合故障诊断与排除"等实践性比较强的课程应根据职业岗位能力分析组合选取

企业典型工作任务开发编制活页教材，每门教材内容应根据课时量安排，一般可确定 7～10 个学习任务，每个学习任务以 3～6 个学习活动过程依次展开，完成一次工作任务也就完成了一次教学过程。在"汽车综合故障诊断与排除"课程部分，以发动机常见故障案例为例，确定了 5 个学习任务，即发动机水温异常、发动机加速无力、发动机怠速抖动大、发动机启动困难、发动机烧机油。每个学习任务又根据不同的维修方法和步骤，分解出 3～6 个学习活动，删除陈旧内容，创设工厂实践情境，学习过程基本按照工厂操作流程作业，压缩精选教学内容，注重理论与实践的结合。

四、构建一体化教室

（一）实训室改造

一体化教学课堂已经由传统教室搬入实习车间，完善改造实习车间，建成一体化实训室是一体化教学开展的硬件基础。比如，汽车运用与维修专业改造原有的实训车间，建成 1 间汽车发动机一体化室、1 间汽车车身修复加工室、1 间汽车整车拆装实训室、1 间汽车综合维修虚拟仿真室、1 间汽车配件管理与营销一体化室。每个教室添置 6 台计算机，配备新的教学桌椅。这些实训室都是按照"教学做"一体的教学要求来布局的，教师授课区与训练操作区分开，完全可以满足"先讲后练"或"边讲边练"的需要。

教学实施应由一名企业实践经验丰富的教师和一名专业理论教师共同完成，在教学过程中根据课程特点灵活选用教学方法。在理论讲授阶段，教师可采用多媒体演示，也可结合实物教具来展示；在示范操作阶段，教师只做一遍，如果学生没有专心看认真听，那么给他们留出足够的实践小组讨论时间，由接受能力强的学生辅助其他人完成工作任务。学生是学习的主体，教师是学习的指导者和协调者，传统课堂上学生睡觉、说话、玩手机的现象基本消失，学生的专注力和领悟力有了明显的提升，给学生提供了发挥主观能动性的空间，从而锻炼了他们解决问题、分工协作和与人沟通交流的能力。

（二）植入企业文化，提升职业素养

中职学校应经常性地开展企业文化进校园活动，将"6S"管理应用于实习教学的各个环节，实现教室与车间合一、学生与学徒合一、教师与师傅合一，并借鉴企业文化理念，营造企业文化氛围：把一体化教室包装成"企业车间"，模

拟企业真实工作环境，按照企业标准张贴安全标语、操作流程、安全操作规程等，如在汽车车身修复实训室挂上"铸就辉煌，唯有质量"的质量意识标语等；把学生包装成"员工"要求他们统一着实训服、带上工具包进实训室"上岗"，同时加强对"员工"的纪律性教育，严明时间观念，营造一个完整的企业氛围，促进学生职业认同感的形成。

五、改革教学方法

在教学过程中，中职学校应改变传统的教师教、学生学的教学模式。"汽车发动机构造与维修""汽车底盘构造与维修"等课程采用情境模拟教学法，"汽车综合故障诊断技术"等专业能力课采用项目教学法。

情境模拟教学法和项目教学法实施的基础是活页教材。教学伊始，将学生按 6～8 人分成一组，教师将学习任务复印好分发到每位学生手里，通过教师对学习任务进行分析，让学生充分了解学习任务内容，初步安排操作步骤，确定所需工具量具及其他设备等，理论讲授、示范操作，这一环节一般不超过 20 分钟；然后每组学生协作完成任务，教师负责指导检查，监督工作任务的流程和时间安排。学生经过讨论思考之后仍然解决不了问题时，教师可以启发引导学生而不是直接告诉学生方法，对学生探究性学习起推进作用，但不主宰。这一环节以学生活动为主，教师只在一旁指导，对畏缩缺乏自信心的学生要予以鼓励和帮助，同时要维持好课堂纪律。

六、加强师资队伍建设

（一）送教师深造

一体化教师是实现一体化教学的要素之一，如果说一体化教室是硬件条件的话，那么理论和实践技能过硬的一体化教师就是软件保障。只有教师的执教水平达到一体化教学的标准，一体化教学过程才能真正落到实处。学校按照"请进来，送出去"的思路，不断加强师资队伍建设，注重提高教师的实践能力和教学水平。学历深造、技能培训学习和下企业锻炼等都是提高教师实践能力、丰富教学经验和提升教学水平的有效措施。

（二）校内拜师学艺

聘请具有企业生产实践经验的工程师或高级技师作为兼职教师，与校内专业带头人、骨干教师一起组成"师傅"团队，把理论知识较强、实践能力欠缺的青年教师作为"徒弟"，师傅和徒弟两两结成对子，共同完成教学任务。在教学科研上对青年教师进行打造，力求"青出于蓝而胜于蓝"。这种向"同行"学习的方式，使青年教师在专业实践教学中迅速成长，理论和实践的融合能力迅速提高，逐步形成自己的教学特色；"师傅"在指导引领的同时，也要注重提高自身的指导能力与业务水平。

（三）带领学生参加顶岗实习

专业教师带领学生参加企业顶岗实习，是提升教师专业实践能力的一个重要途径。学生顶岗实习的企业都是现代化的大企业或者专业性较强的企业，带队教师在管理学生的同时，也能和学生一起参与企业的生产实践，了解生产过程和生产强度，掌握专业技能，感受企业管理、企业文化和工作过程。同时，教师管理学生的能力也会得到提升。专业教师带领学生参加企业顶岗实习，回校后把新的设备、工艺、操作方法等融入相关课程和教学内容中，可以提升自己的综合专业能力。

第七章 中职学校"三教"改革的案例

第一节 中职学校汽修专业"三教"改革的典型案例

河池市职业教育中心学校坐落在具有"世界长寿之乡"美誉的广西河池市，它是广西重点、广西示范中职学校，国家重点、国家改革发展示范性中职学校。其汽修专业成立于1985年，专业办学历史悠久，近年来，该校汽修专业在"三教"改革方面勇于创新，积极探索，经过几年的实践，现已成为民族地区"三教"改革的成功范例。具体措施如下：

一、教师改革

（一）红色基因筑师魂，加强师德师风建设

学高为师，身正为范。教师是教育的第一资源，教师的思想素质直接影响着学生的身心发展。新时代背景下，中职学校教师不仅需要具备工匠精神，还需要有正确的人生观、价值观。师德师风永远是评价教师队伍素质的第一标准。河池市职业教育中心学校充分利用地方红色资源，将社会主义核心价值观贯穿师德师风建设的全过程。学校在每个系部设立党支部，实行党政一岗双责，要求每个党支部每季度要开展一次红色文化教育。近年来，汽车系党支部充分发挥了党建引领作用，组织了系部所有教师到东兰学习韦拔群革命英雄事迹，并参观了东兰农民运动讲习所、中国工农红军第七军革命旧址、河池市革命纪念馆等红色基地，系部教师的足迹几乎遍及河池市所有的红色教育基地。这在很大程度上增强了教师的"四个自信"，筑牢了教师的理想信念。

（二）德技并修，构建结构合理的"双师型"教师队伍

一方面，河池市职业教育中心从河池方盛汽车销售服务有限公司、柳州市双

恒汽车贸易有限公司等合作企业选聘了一批高级技术人员担任学校汽修专业的师资培训导师或兼职教师，组建了一支由企业高级技术人员和学校优秀教师组成的15人的校企合作、专兼结合的"双师型"教学团队，并对团队人员实行动态管理，形成能上能下的管理机制；安排团队中的专职教师定期到企业实践，学习专业领域先进技术（如智能网联汽车、无人驾驶技术、轿车铝车身修复技术等），以提升专职教师实习指导能力和技术技能积累创新能力。另一方面，河池市职业教育中心学校还定期邀请省内外专家对团队中的专兼职教师开展教学法、课程开发技术、专业教学标准、职业技能等级标准等专项培训，以此提升专兼职教师模块化教学设计实施能力、课程标准开发能力、团队协作能力及信息技术应用能力。通过三年多的实践，这支教学团队已经成为引领该校汽修专业发展的主力军。

二、教材改革

（一）构建对接职业标准的模块化课程体系

河池市职业教育中心学校顺应全球汽车产业向新型工业化、信息化、城镇化、农业现代化"新四化"转型升级的趋势，结合地区实际，分析新业态、新模式下汽车后市场领域的岗位人才需求，与相关汽车维修企业、行业组织深度合作，邀请对方资深专家共同研究制订人才培养方案，及时将国际职业标准、职业技能等级标准（主要参考1+X职业技能标准）、新技术、新工艺、新规范、企业先进文化和工匠精神、精益求精等职业素养融入人才培养目标、融入课程体系、课程标准及教学全过程，构建"模块化"专业课程体系，促进职业技能等级证书与学历证书相互融通。

（二）"校校企行"四方合作，开发新形态教材

在教材改革方面，河池市职业教育中心学校与广西现代职业技术学院、深圳市汽车钣金喷漆行业协会、河池市豪客汽车修理厂及国内知名教育培训企业等合作，充分融合多方资源（如资金、技术和人力资源等），组建了"工匠＋专业教师"的一体化教材开发团队，开发出了《汽车发动机构造与维修》新型活页式教材及《汽车底盘构造与维修》工作手册式教材；与广西现代职业技术学院共同出资，建设虚拟仿真实训基地，将教学内容、云端资源、工作场景融合，形成三位一体的"新形态教材"，同时，还开发了大量的满足线上、线下学习和训练的高质量教学资源。

三、教法改革

在教法改革方面，河池市职业教育中心学校推行"三课堂"教法改革。所谓"三课堂"是指"企业课堂、实战课堂、上班式课堂"，其主旨是以实景教学培养学生的工匠意识。河池市职业教育中心学校汽修专业为了培养工匠型技术技能人才，使教学过程与企业生产过程有效对接，自2016年起，该专业先后与深圳比亚迪汽车公司、河池市泰安职教中心汽车服务有限公司、河池市豪客汽车专修厂等企业深度合作，积极推进"企业课堂＋实战课堂＋上班式课堂"的教法改革。

2016年6月，河池市职业教育中心学校与深圳市比亚迪汽车公司开展校企合作，随后安排了一百多名汽修专业学生到该企业顶岗实习，将学生带入"企业课堂"，让参与顶岗实习的学生深入企业一线去感悟工匠是如何工作的。同时，学校还通过视频连线的方式将企业工匠的工作实景引入校内课堂，并且让工匠现身说法，向学生传递工匠精神在实际工作中的体现。

2018年10月，河池市泰安职教中心汽车服务有限公司设在河池市职业教育中心学校的汽修实训基地成立，企业不定期向学校提供需要大修的车辆，将车辆的某维修部件交给任课教师和部分学生完成，"实战课堂"正式进入学校汽修专业，使得学生的学习不再是模拟、不再是仿真，而是实打实地去做。

2019年12月，河池市职业教育中心学校与河池市豪客汽车专修厂签订校企合作协议，学校的工匠型专业教师从任课班级选拔部分学生进驻该企业进行实践，学生成为企业员工，需要按时打卡上下班，上课就是上班，直接面对的就是客户送来进行养护作业的汽车，学生将养护作业完毕的车辆交给客户，出现作业质量问题学生将面临客户的直接投诉。在这样的"上班式课堂"环境中，学生在进行养护作业时便会认真细致、精益求精，为了提高工作效率和提升自己的知识储备和技能，他们便会利用自己的业余时间充电，久而久之，新时代工匠精神也就融入了学生的血液。

第二节　中职学校机电专业"三教"改革的典型案例

"三教"改革是中职教育人才培养与评价的核心内容。"三教"改革中各个要素的匹配程度，对建设高水平的中职机电专业具有重要作用。下面以北仑职业高级中学（"北仑职高"）机电技术应用专业为例，阐述该专业在"三教"改革方面的探索。

北仑职高机电技术应用专业开设于 1992 年，2001 年被评为浙江省示范专业，2003 年被评为宁波市现代化专业，2012 年被确定为国家中等职业教育改革发展示范学校重点建设专业，2015 年被确定为教育部首批现代学徒制试点专业，2020 年被列为浙江省中职高水平建设专业。

一、建设"双师型"教师队伍，突破教师综合能力

（一）学习双元制，更新教师职教理念

北仑职高机电技术应用专业组建了一支理论和实践教学能力兼备的教师队伍。该专业曾组织教师参加过为期一个月的德国德累斯顿工业大学智能制造类专业"教学计划制订与教学方法"培训。

机电技术应用专业教师在培训教师的指导下，开展模块化教学，打破了传统的学科式教学模式。机电技术应用专业教师与专家通过对"德国双元制教学模式本土化"进行研讨交流，提升了机电技术应用专业教师的模块化教学能力。另外，加强师资队伍建设，更新教师的职教理念，更是深化课程体系改革和专业建设的有力举措。

（二）落实顶岗实践，培养教师综合能力

例如，北仑职业高级中学连续多年利用暑假组织全校教师深入企业进行调研。2020 年，机电技术应用专业 60 名教师到 7 家企业调研。另外，机电专业教师到"宁波宏协承汽车零部件有限公司"调研，进行三维建模操作；机电技术应用专业教师到"宁波海伯集团有限公司"调研，与企业专家探讨"企业自动化设备升级改造"。

二、对接机电技术应用专业教学标准，推动教材改革与创新

（一）充分运用信息资源，开发立体教材

北仑职高机电技术应用专业在资源管理平台上建立了"线切割加工技术读本""钳工技术""电火花加工技术""现代精密测量技术"等 10 门课程的资源库，包括课程素材库、课件库、试题库，并将其作为教材数字化资源的主要内容。同时，该专业通过在线课程建设（开发在线课程 6 门），持续推动混合式教学改革，并以此作为教材数字化资源的主要应用形态。

（二）聚焦书证衔接融通，开发新型教材

依托德国职业培训证书（AHK证书）制度，北仑职高机电技术应用专业的教师分别开发出了"工作手册式""活页式"教材。首先，研讨新型教材开发标准，强化校企合作，将机电技术应用专业教学标准和职业岗位标准融入教材；其次，以典型工作任务划分教学任务，以任务书、引导文、指导书等形式将学习情境编制成若干教学任务，编写教师工作页和学生工作页，开发成手册式、活页式教材，满足不同课程教学需求；再次，按照"以学生为中心、学习成果为导向、促进自主学习"思路开发设计教材，以企业岗位（群）任职要求、职业标准、工作过程作为主体内容编写教材；最后将"以德树人、课程思政"有机融合到手册式教材、活页式教材中。

对接华中科技大学，合作制定"1+X"数控车铣证书能力培养标准；修订专业教学标准，设置"X"证书模块化专业课程体系；拓展"1+X"零部件测绘证书试点，开发"X"证书模块化专业课程及资源；面向学生和社会人员开展"1+X"数控车铣考培至少100人次；总结推广"1+X"证书试点经验。

（三）对接区域特色产业，开发地方教材

《电切削工技能实训》是根据北仑区域产业特点，充分考虑中职学生的认知规律和学习能力，采用"项目导向，任务驱动"原则编写的教材。该教材的开发目的是通过任务实施，帮助学生逐步自主掌握电切削加工的基本知识和操作技能，并养成认真负责、一丝不苟的学习习惯及与人合作的能力。例如，《宁波钢铁》为北仑职高机电技术应用专业教师与企业共同开发的教材，适用于企业培养一线工作岗位的优秀技术工人，也可用于宁钢企业员工的岗前培训和在职进修。

另外，北仑职高机电技术应用专业教师还开发出了《电火花加工技术》《线切割加工技术读本》《配油盘加工工艺》《现代精密测量技术》等多本地方特色教材。

三、开设示范公开课，打造多元化教学课堂

北仑职高机电技术应用专业每年都会制订教学示范及公开课计划，年均开设教学示范课18节。例如，"Creo6.0技术在补视图教学中应用"教学示范课，用形体分析法梳理了各部分几何体，用微课演示绘制补画左视图的完整过程，以小

组为单位，互帮互助。另外，通过"天圆地方数铣工件检测与评析"教学示范课，截取同学们"天圆地方"工件数控铣加工过程中的几个关键片段制作微视频，让学生找出加工过程的问题，分组对各加工工件按照评分标准进行逐项自检与评定，然后每组推选一位同学进行展示说明，老师及时对各组汇报点评分析，指出存在问题并找出解决方法。

例如，运用"组合创造法"教学示范课，从橡皮头铅笔诞生的故事，步入创新发明话题，进而推出"组合创造法"概念，并说明组合创造法广泛适用于各个领域。接着，细说用该方法构思创新物品的步骤，讲解组合创造法的四种基本类型及应用方法，每个类型都应结合实际案例加以说明分析。

由此可见，推进"三教"改革，是落实"1+X"证书制度的重要途径；深化"三教"改革是建设高水平专业的重要内容；聚焦"三教"改革是中职改革落在教学、落到课堂、落于实处的具体体现。

第三节　中职学校"三教"改革提升教学质量的典型案例

衡量学校办学水平的重要依据是学校人才培养质量，而教师、教材、教法在人才培养质量管理的各个环节中有着不可替代的重要作用。要提高人才培养质量，必须从这几个方面入手：①提升教师的教学理念和教学素质；②优化教材的内容和形式；③改进教学的方法和手段。全方位对职业教育提出改革设想的《国家职业教育改革实施方案》（以下简称《方案》）于 2019 年 2 月，由中华人民共和国国务院颁布。《方案》从 7 个方面提出了 20 条职业教育改革的政策举措，为职业学校进行"三教"改革指明了方向，也掀起了职业教育改革及研究的热潮。因此，中职学校应根据各自的实际情况，对"三教改革"的问题导向予以明确并深入研究，进而提高人才培养质量。下面以 A 中职学校的"中餐烹饪与营养膳食专业"为例，探讨"三教"改革对中职教学质量提高的影响。

一、"三教"改革背景下提升中职教学质量的改进

在《国家职业教育改革实施方案》文件的引导下，A 中职学校组织全校教师开展专题培训与学习，深入研究讨论，从而不断更新教师的教育理念。

（一）以教师改革为基础，建构"双师型"教师发展体系

首先，中职学校应不断完善和稳固教师专业发展体系建设。一方面，应根据不同教师的成长路径，进行层次分明、体系化的教师专业标准建设。另一方面，为达到教师标准的要求，应将国家、省、地市等不同层面的师资集合起来，搭建师资培训网络，而这对教学课程改革和教学改革，以及培养教师的教育教学能力也都能起到非常重要的促进作用。

其次，中职学校应能够根据教师生涯的发展需要构建起职业教育教师资格证书制度。中职学校应能够根据不同的专业要求对职业能力进行认证，将课程内容、专业标准和资格认证等紧密地衔接起来，同时还应能够为培训教师进行"1+×"证书培训，形成师资培养、评价与认证的三位一体体系，从而将中职学校教师在专业上的定向与转换生态机制真正地构建起来。例如，A中职学校的"中餐烹饪与营养膳食专业"，要求教师既要能够进行专业热菜制作课程教学，同时也要能够进行雕刻、面点制作课程教学，这样才能使教师在培养学生综合素质的同时，也能适应不同课程教学任务的转换，并能胜任"1+×"证书的培训教师工作。

最后，中职学校还应从以下几方面着手建立"双师型"教师发展体系：一是制定并完善学校的奖励制度，并搭建起为教师展示教学水平和专业技能的平台，有效提升教师的待遇和职业荣誉感；二是在培训上采取"请进来""走出去"的形式，将更多在中餐企业、餐饮协会工作的优秀技术人才引入学校，使其参与到学校中餐烹饪专业建设和中餐烹饪专业的课程设置中来；三是随着餐饮行业与企业的发展，中职学校也要鼓励教师通过顶岗轮训或挂职锻炼的方式参与到企业发展中。

（二）以技术与产业升级为依托，形成常态化的教材研发机制

在教材设计上，中职学校需要打破传统，设计出具有职教特色的教材。例如，A中职学校的中餐烹饪专业与营养膳食专业和餐饮企业联合，共同开发出了一套全新的课程教材，它能够将企业新的技术、工艺、流程和规范等——反映出来。同时，A中职学校还开发出了"烹调工艺""营养膳食搭配""火锅制作""川菜制作"等课程，并在教材上采用活页式、校本讲义等新的形式，使学校教学能够与行业和企业保持紧密联系。

为使教材更具实用性和新颖性，中职学校还可将餐饮企业的工作手册和岗位手册广泛运用到教学中来，并将其作为专业课程的实训教材，进而实现实用性的场景化教学。

（三）以教法优化为突破，构建以学生为核心的课堂教学模式

在教学方法上，中职学校需要突破传统教育的重说教、轻实践模式。课程设计的核心出发点和依据是学生发展必备的五大核心素养，将热菜制、面点、火锅制作和宴席设计等专业的课程内容和课程特点相互结合，以此建立中职学校教学内容标准和评价体系，能够更好地促进学生核心素养的提高。

传统教育方式更加注重技能培养，而不是综合能力的培养，新的教学目标是让学生学习并掌握职业知识，通过将学生带入虚拟或真实的宴席设计、宴席成本核算等职业"情境"中来进行专业教学。同时，教师需要根据"工作"人物逻辑序化教学知识，从而使学生在实践情境中感受任务逻辑及完整的职业知识，从而将职业知识高效地构建起来，有效提高职业能力。

在课堂教学中，应以学习者为中心，使学生与教师产生良好的互动。在实际的教学工作中，需要将课堂上教师的角色和作用进行重新定位。为了更好地激发学生的学习积极性，教师可积极使用情景教学法、项目教学法、案例教学法和工作过程导向教学法。同时，中职学校还可通过对校企"双元"育人模式的探索和研究，将现代学徒制试点运用到教学中，使课堂向生产服务一线扩展。

二、"三教"改革教学质量的实践成效

以上述改进措施为基础，A 中职学校在办学过程中通过积极实践，使中餐烹饪与营养膳食专业取得了初步成效。

（一）教师专业发展

一方面，教师的教学观念得到了转变，能够以专业发展要求为基础，通过对自身角色的调整，使专业范围得到拓宽。同时，专业技能也得到迅速提升，进而与专业发展的需求更为契合。另一方面，教师获得了更为开阔的专业视野，教师们主动积极参与学校内部、区域之间各项交流活动，并在专业上与企业技术人员有着密切联系，同时学校引进了更多优秀的餐饮企业形成校企联盟。

（二）教材形式丰富

A 中职学校通过将本地特色餐饮与学校特色专业相结合，并邀请企业的高技术人才组成名厨名师小组（其中包括 8 位办校教师和部分本地人员），共同编写了以下 4 本校本教材，分别为：《川菜文化——XX 特色餐饮文化解读》《川派盆景——技艺与创新》《蜀绣发展与工艺》和《蜀艺文化解读》。

（三）教法创新灵活

在中餐烹饪与营养膳食专业的办学过程中，A 中职学校突破了传统"文化—理论—技能—实践"的教学模式。一方面，将中餐烹饪现场在师生面前展现出来，使师生能够真实地感受中餐的烹饪文化，从而使专业壁障在情感和价值观上得到破解。另一方面，在教学过程中，教师对信息化教育探索的积极性得到提高，学生学习的主动性也明显增强。此外，学生的实践能力和创新精神也开始得到更多关注和重视，从而大幅提高了整个学校的学习热情和学习风气。

为实现职业教育的转型升级，中职学校必须进行"三教"改革，这就要求学校、教师和学生要不断进行"三教"改革实践，并与行业优秀企业共同探讨和创新，从而培养出更多德技并重的高素质人才。

参考文献

[1] 丁汀. 产教融合视域下"三教"改革的创新型路径探析 [J]. 理财, 2021 (5): 60-61.

[2] 王益琳, 吴伶俐. 中职教师"三教"改革实施中教师教研能力提升策略研究 [J]. 现代职业教育, 2021 (1): 50-51.

[3] 王珏. 中职院校"三教"改革的探索 [J]. 科技风, 2020 (24): 30.

[4] 康坤. 产教融合是职业院校深化"三教"改革的关键 [J]. 河南教育 (职成教), 2020 (4): 15-18.

[5] 罗汝珍. "中国智造"背景下职业教育产教融合的现实困境及对策 [J]. 职教论坛, 2018 (5): 25-29.

[6] 陈森英. 产教融合视域下中职学校创业教育的时代方略 [J]. 中国职业技术教育, 2019 (8): 90-96.

[7] 刘春艳, 聂劲松. 职业教育产教融合中的企业权益及其影响机理 [J]. 职教论坛, 2017 (13): 36-40.

[8] 孟雅杰. 基于产教融合的中职学校教学改革实践探究 [J]. 成人教育, 2017, 37 (9): 81-83.

[9] 史家迎. 基于产教融合的技工院校现代学徒制课程体系建设与实践 [J]. 科技经济导刊, 2019 (22): 134.

[10] 韦晓阳. 深化"三教"改革新时代教材建设的实践与探索 [J]. 中国职业技术教育, 2020 (5): 84-87.

[11] 张庆玲. 中职学校专业建设的问题与对策 [J]. 现代职业教育, 2016 (32): 282.

[12] 石美珊. 中职学校教师通用能力标准与专业发展 [J]. 课程·教材·教法, 2007 (9): 80-83.

［13］白苗，杨大伟．"跨界"理念下中职学校教师专业素质培养提升路径探析［J］．职教论坛，2016（29）：10-12.

［14］黄萍，孟庆国．中等职业学校教师专业标准与职教教师培养培训［J］．职教论坛，2014（2）：4-8.

［15］潘建华．中等职业学校专业课教师补充机制探讨［J］.职教论坛，2013（4）：64-67.

［16］邢晖．对中职学校教材建设的几点思考［J］.中国职业技术教育，2005（19）：18-19.

［17］崔景贵．关于中等职业学校心理健康课程教材建设的思考［J］.教育与职业，2009（9）：27-30.

［18］陈三员．当前中职学校专业建设的问题与对策［J］.教育与职业，2014（26）：20-22.

［19］訾海涛，陈庆合.关于北京市中职学校专业建设的调查报告［J］.职教论坛，2009（33）：55-58.

［20］张定方，王凌洪．中等职业学校电子商务专业建设调查与分析［J］.职教论坛，2016（29）：60-64.

［21］周宝东．中职学校"以学生为中心"教学方法的应用研究［J］.职业，2019（25）：65-67.